Viaje al øtrø ladø

Viaje al øtrø ladø

El algoritmo invisible

por

Borja Legarra Oyarzabal

Estrambólico Editorial

ISBN 979-8-4-52072-61-4

Published by Estrambólico Editorial

Para Gaby por dar sentido a mi vida,
a mi Aita para que me entienda,
a Pamela gracias por guiarme,
a Marta por leerme,
a mi Ama por quererme como soy,
a Ane por la alegría de viajar,
a Jorge e Inazio por acompañarme en este viaje.

Índice

PREFACIO

El otro día hablaba con Inazio. No hace mucho que le conozco, un año más o menos. Sin embargo, hablamos con mucha confianza, somos parecidos y nos entendemos bien pese a la falta de clara dicción que los dos sufrimos. Me contaba que escribe mucho. No como un diario, pero casi. Le envidio. Nunca he sido lo suficientemente constante como para escribir unas líneas todos los días. Aún así, le comenté mi propósito de escribir un libro. Inazio, como tantos otros, me preguntan sobre qué tratará el libro. Cada vez contesto a esa pregunta con más soltura. La primera vez hasta me enfadé, primero con el osado interrogador y segundo, con la falta de claridad de idea propia. Si algo tengo claro es el *para qué*, aunque esa pregunta no me la hayan hecho todavía. El propósito de este libro es enmendar mi falta de constancia y sustituir aquellos diarios que no hice por un repaso de mis últimos cuatro años.

Hace cuatro años vine a Dinamarca a estudiar un máster en ingeniería mecánica. Aquel intento de alargar el erasmus ha terminado siendo casi un lustro y pudiera llegar a ser una década si no le pongo remedio antes. Un país nuevo, gente nueva y distinta, trabajos y experiencias que me han ido cambiando merecen una líneas para poder recordar dentro un tiempo quién era yo hacia el 2021, qué pensaba y por qué. De hecho, me formulo las mismas preguntas sobre el Borja de 2017. Espero que tras ordenar los sucesos y recordar lo que ha ido acaeciendo desde entonces pueda el lector, y yo mismo, hacerse una idea.

Somos lo que comemos. Y también lo que leemos. Y por qué no, ya que nadie lee, somos lo que escuchamos. Muchos hablantes de castellano usan *escuchar* cuando quieren decir *oír*. Al contrario, escribo *escuchar* con mucha intención. De hecho, uno podría decir que escucho[1] muchas horas al día. Escucho o intento escuchar a personas interesantes que puedan enseñarme y lo hago desde casa. Hace más de un lustro que el ordenador reemplazó la televisión para mí. Pasé de ver la televisión a ver Youtube. Ahora escucho Youtube, escucho a todas aquellas personas interesantes que me enseñan sobre historia, política, lingüística, economía, etc. De un tiempo a esta parte he notado en mí un cambio radical en lo que a ideas políticas se refiere. Este cambio, ideológico principalmente, ha sido el fruto de mi estancia en Dinamarca y la plataforma de vídeos propiedad de Google ha jugado y juega un papel central.

Mi objetivo en este libro es explicar este cambio, a ratos doloroso, ponerlo en contexto y dejar constancia de ello. Sin duda alguna, cambios ideológicos se han dado siempre. La novedad en mi caso es la velocidad y las herramientas que han propiciado este giro. Por otro lado, espero que

---

[1]Otra dirá que nunca escucho queriendo decir que nunca le escucho a ella. Ella siempre tiene razón.

mi ejemplo de uso de Youtube anime a otros a aprender escuchando en este nuevo mundo de sordos funcionales en el que todo el mundo siente la necesidad de dar su puta opinión.

Al poco de comenzar a escribir este libro me uní a un grupo de escritores en castellano en Copenhague. Me leyeron algunos capítulos y me hicieron reflexionar sobre qué es este libro. ¿Es una novela? Una novela sin personajes al estilo *Sesenta semanas en el trópico* si acaso. ¿Un ensayo, quizá? A ratos es un diario de viajes. De Donostia a Copenhague, del conformismo a la curiosidad. En otras ocasiones es un manual del inmigrante en Dinamarca. Una investigación del pasado, una recolección de hechos. Un libro de historia, de mi historia.

¿Quién es el destinatario de esta obra? Soy yo. Es mi madre. Es mi familia, son mis amigos. Es cualquiera que me conozca. Cualquiera que me desconozca pues se tornará cómplice con el paso de las páginas.

Comencemos.

CAPÍTULO I

HYRDEVANGEN

Soy de los de hacer la maleta siempre en el último momento. ¿Tú? Hago la lista en un papel ya usado. Como título escribo "Viaje a ..." tal lugar. Calculo el número de pares de calcetines, de calzoncillos y demás en función de los días que estaré fuera. Sin embargo, ¿cómo calcular cuando el viaje es sólo de ida? Sobre esto reflexionaba mientras iba llenando la maleta, poco a poco, tachando de la lista aquello que iba metiendo.

Tomamos el primer vuelo del día en el aeropuerto de Bilbao. Había conocido a Asier cuatro años atrás en los entrenamientos veraniegos del club Easo de baloncesto. Asier, Asi, le daba bastante bien al basket. Más tarde supe que casi todos los deportes se le dan bien. Tras aquellos entrenamientos del verano de 2013, dejó las canchas para dedicarse al volley playa. Desde entonces apenas me lo encontré hasta mayo de 2017. Estaba en el pintxo pote[1] de Gros[2] un jueves después de terminar los exámenes de cuarto de carrera.

– ¡Aupa Asier! – No recuerdo si iba con mi amigo Gonzalo o con compañeros de la uni. Lo que sí recuerdo es mi extrañeza al ver la barba rubia de mi interlocutor. Tras la típica cortesía llegó la fatídica pregunta.

– ¿Qué vas a hacer el curso que viene? – Le respondí que me iba a Copenhague a estudiar un máster en DTU[3]. – ¡Mentira! Broma, ¿no? Yo también voy a estudiar en DTU.

Esta tremenda casualidad determinó mi primer compañero de piso en Copenhague [4]. En la solicitud de alojamiento a la universidad especificamos que nos pusieran juntos o cerca al menos. Siempre está bien comenzar las aventuras en terreno desconocido con un compañero. Además teníamos muchas cosas en común. Los dos decíamos agur[5] a hacer surf en la Zurriola, nos gusta practicar deporte, nos encanta Donosti[6] y sus donostiarras. Llegamos al aeropuerto de Kastrup al sur de Copenhague y nos dirigimos a Kongens Lyngby, donde se encuentra DTU. Tremendo campus. Acostumbrados a nuestras facultades provincianas a ratos pueblerinas, DTU parece un pueblo entero de grande. Re-

---

[1] Un día a la semana que varía dependiendo del barrio, venden un pintxo y una bebida por dos euros en casi todos los bares. Nacido en Pamplona como Juevintxo, es todo un éxito en Donosti.

[2] Gros es el barrio *cool* de Donosti.

[3] DTU es la Universidad Técnica de Dinamarca, Danmarks Tekniske Universitet en danés. Además de ser la mejor universidad técnica de Dinamarca, tiene muy buen nombre en Europa.

[4] A partir de ahora Copenhague será CPH. Asier le decía "Cope" pronunciado "coupi".

[5] Adiós en euskera.

[6] Donostia - San Sebastián es el nombre oficial de mi ciudad. Los de allí le decimos Donosti.

cogimos las llaves en la *Accommodation Office* en el edificio 101, one o one, 5 minutos antes de que cerraran.

Tras más de 30km de buses y trenes guiados por Google Maps empujando nuestras pesadas maletas, arribamos a Brønshøj, nuestro nuevo barrio. Brønshøj se encuentra al oeste de Nørrebro a unos 15 minutos en bici del centro de CPH. Asier y yo habíamos alquilado un pequeño estudio con un dormitorio en una residencia de estudiantes. Hyrdevangen número 9. Hyrde para los amigos, pronunciado "jirde" aunque en danés se pronuncie "hürde" con la u francesa. El edificio era una antigua clínica de ancianos que había sido remodelado para albergar a estudiantes. La renovación no había sido total. La tenue luz del lento ascensor en el que cabía una camilla avivaba la imaginación sobre los posibles usos del decrépito edificio. Las incursiones al frío y oscuro sótano para usar las lavadoras y secadoras comunes no daban excesiva confianza.

Nuestro estudio en el último y cuarto piso de Hyrdevangen 9 fue un verdadero golpe de realidad. La casa estaba sucia, había comida de los anteriores inquilinos que hubieron dejado la casa dos o tres meses antes. Dejaron incluso un par de botines de mi talla que aún uso[7]. Pese a nuestras amargas quejas a la oficina de alojamiento incluyendo pruebas fotográficas, tuvimos que aceptar la puta realidad. Hacía frío pese a ser final de agosto. Estaba nublado y el cansancio no mejoraba nuestro humor. Nos echamos las camas a suertes y fuimos a hacer la compra.

Con algo en el estómago negociamos el reparto del armario y vaciamos nuestras valijas. Qué poquitas cosas teníamos. Pusimos las deshabitadas maletas encima del armario.

---

[7]Cuando comencé a escribir este libro aún me los ponía de vez en cuando. Hace ya más de un año que no.

Ver la ropa bien colocada en el ordenado armario por última vez dio un toque de gravedad a la situación.

Recuerdo que no dormí bien aquella noche. ¿Qué cojones hago aquí? Los desconsolados llantos de Gaby la noche anterior melancolizaron mi partida. Ya le echaba de menos. Habíamos empezado a salir en la madrugada del día de San Sebastián[8], fecha fácil de recordar para cualquier donostiarra[9]. Debí roncar a juzgar del humor de mi compañero a la mañana siguiente. Duermo boca arriba con las manos entrecruzadas sobre mi pecho, como una momia. Uso mis cascos Sony que compré para conectarlos al ampli y tocar la guitarra eléctrica sin molestar. La guitarra y el ampli se las vendí a mi amigo Joseba de Pamplona. Los cascos me los quedé. Desde hace años duermo escuchando algo, casi siempre Youtube. Aquella noche me puse el disco Vorágine de Fran Fernández, el cual Gaby y yo habíamos escuchado tocar en directo en Galerías Altxerri.

Nunca he usado Spotify. A mi condición de viejoven nunca le dio confianza dicha plataforma. Por el contrario, usé Pandora durante mis meses en California. Lo usaba a todas horas y agradezco al algoritmo que me enseñara grupos que tanto me gustan ahora. A la vuelta a Donosti a finales de 2016 Youtube sustituyó a mi añorado Pandora para escuchar música. Por aquel entonces el 95 % de mi uso de Youtube[10] era decicado a escuchar Gatibu, Glaukoma, Ken Zazpi,

---

[8]El día de San Sebastián, 20 de enero, es la fiesta mayor de la ciudad en la que tocamos al tamborrada. Pon tamborrada en youtube si quieres saber más.

[9]Donostiarra es el gentilicio en euskera de Donostia. En castellano es easonense, sin embargo no se usa habitualmente.

[10]Preveo que voy a mencionar Youtube chorrocientas veces, así que voy a usar YT como acrónimo.

Lumineers, Snow Patrol, Chainsmokers, James Blunt, Foals, U2, Extremoduro, y la lista sigue. El resto del tiempo lo empleaba en ver *Ilustres Ignorantes*[11], *Late Motiv*[12] de Andreu Buenafuente o *Cuando Ya No Esté*[13] de Iñaki Gabilondo.

Fue unos meses antes de aterrizar en Hyrde que mi uso de YT cambió ligeramente. De vez en cuando reproducía alguna charla TED. Las charlas Technology, Entertainment and Design, TED Talks, suelen durar menos de 20 minutos y los oradores suelen ser muy buenos al igual que los temas interesantes. Me tragué todos los capítulos de las serie documental Una Historia de Vasconia de EiTB[14] y las animaciones de Academia Play donde explican periodos o sucesos de la historia de una manera dinámica. Mi uso de YT era aún moderado. Estos vídeos de divulgación histórica se complementaban con entrevistas de Otra Vuelta de Tuerka de Pablo Iglesias o las explicaciones de Paul Jorgensen sobre idiomas y lingüítica en su canal LangFocus. Paul es canadiense afincado en Japón y se dedica a dar clases de idiomas además de divulgar sobre distintos idiomas en su canal. Me enganché a sus vídeos desde que dedicara uno al euskera titulado "the mystery of basque".

---

[11]Ilustres Ignorantes es un programa dirigido por Javier Coronas y sus escuderos Javier Cansado y Pepe Colubi. Desde 2008 emiten un programa semanal, siempre sobre un tema sobre el que desvarían hasta más no poder y al que traen dos invitados.

[12]Late Motiv fue el *late night show* por excelencia en España.

[13]Cuando ya no esté fue un programa de entrevistas dirigido por Iñaki Gabilondo en el canal Cero de Movista. ¿Cómo será el mundo dentro de 20 o 30 años? Esta era la pregunta sobre la que versaba el interesante programa.

[14]Euskal Irrati Telebista - Radio Televisión Vasca.

A los pocos días de asentarnos en nuestro pisito, el edificio se fue llenando de estudiantes extranjeros. Irlandeses, franceses, australianos, alemanes, españoles, italianos, griegos, estadounidenses, un mexicano y alguno de otra nacionalidad dieron vida a la antigua clínica con la que yo fantaseaba con haber sido un manicomio. Cada uno llegó con sus bolsas, maletas que además de ropa trajeron consigo sus acentos, sus modas, sus creencias y puntos de vista. Esas primeras semanas requirieron ponerse en modo hacer amigos. Tocamos la puerta del estudio de al lado. Algunas voces y nombres en el buzón nos dieron las pistas de que teníamos vecinos españoles. Sin embargo, nos abrió la puerta un pálido pelirrojo y una no menos pálida rubia. Tras unas torpes frases iniciales en inglés cambiamos al castellano cuando nos respondió "my name is Javier". Marta es polaca y son pareja desde hace mucho tiempo. A los días conocimos al otro Javi y a Dani, compañeros de piso del pelirrojo Javi. Cuatro años después todos seguimos en CPH, asentados y con pareja. Casi todos, a Dani una pareja se le queda corta[15]. Hicimos buenas migas con este trío de valencianos. De hecho, de la mafia española en DTU, sobrenombre del grupo de españoles por su tamaño y endogamia propia de las mayorías, muchos eran valencianos y habían estudiado el la UPV[16].

La primera semana fuimos al evento del 170 aniversario de Carlsberg en Frederiksberg, el barrio danés por excelencia, ya que olía a cerveza gratis, el evento, no el barrio. Por suerte, ya nos habíamos hecho con una bici cada uno. La mía era una city bike Nishiki XL con frenos de disco y sillín

---

[15] Pequeña actualización en 2022: Dani ha encontrado una pareja maravillosa y ha vuelo a la monogamia.

[16] Universitat Politècnica de Valéncia

algo estrecho que Jon bautizó como "el dildo". Ya hablaremos de Jon más tarde. Asier le compró una bonita bici de paseo a un italiano. A los dos meses se la robaron. Llegamos al recinto de Carlsberg y conocimos a algunos de nuestros vecinos: Sandra y su pareja Hernán, los australianos James y Michael, los irlandes Paul y Mickey, y alguno más que pasaría por ahí. Hernán me demostró que yo había madurado. En tres frases me di cuenta de que no nos íbamos a llevar bien. Preguntarle a uno de Donosti si es independentista a la primera de cambio no ayuda mucho. No perdí más tiempo con el personaje. En una ocasión me lanzó sus llaves para que las cogiera al vuelo. No hicieron mucho ruido al caer al suelo, consecuencia de no hacer yo ni medio movimiento por sostenerlas. El llavero era, ¡qué *chorprecha*[17]!, un bandera de España que aún no sé como le cabía en el bolsillo.

Volviendo a Carlsberg, me hizo mucha ilusión poder charlar con mis compañeros de resi irlandeses. Aún me quedaba algo de acento irlandés de haber trabajado 3 meses en Bundoran, Donegal, el año anterior. A ellos les hacía bastante gracia escuchar a un moreno casi africano como yo soltarles *slang*[18] irlandés por doquier. No hubo birra gratis, ni siquiera barata. *Velkom til København!*[19] Aquel primer semestre me llevé muy bien con los australianos. Parecía ser el único ibérico que no tenia dificultad en entender su divertido acento. Solo venían para 5 meses y los vivieron a tope. Esa etapa desenfrenada ya la tuve unos

---

[17] *Chorprecha*: sorpresa en idioma payaso o pachacho divulgado por David Broncano.

[18] Argot

[19] Bienvenido a Copenhague, la cual no es precisamente una ciudad barata.

meses antes en California. Qué recuerdos... El intercambio en California fue la razón por la que me fui a trabajar a un pequeñito pueblo de la costa noroeste de Irlanda. Allí agarré mucho cariño a los irlandeses. Sabía, por tanto, que Paul y yo seríamos buenos amigos. A día de hoy seguimos siéndolo.

Todo se pega. Hasta lo bueno. Durante los primeros meses en Copenhague comí mucha verdura. Una hora de bici al día para ir a la uni más algún entrenamiento de basket en un equipo de Valby, me hicieron perder peso. No teníamos báscula en casa, pero calculo que llegué a pesar unos 10 kilos menos que ahora. Asier es vegano y pese a que no podíamos compartir mucha compra, su inercia me empujó a comer más limpio que nunca. Solíamos ir al Istanbul Bazar, el mejor Bazar de Nørrebro según Kris, danés de mi buddy group de la *introduction week* de DTU. El bazar es lo más cercano a una frutería-verdulería-carnicería-pescadería que te puedes encontrar en Donosti. Casi toda la fruta y verdura viene de España y en el bazar siempre encontrábamos buenos chollos. Comprar mucha verdura me quitaba la culpa de hacer lo propio con una tableta milka nougat gigante. Todo se pega. Aunque no todo. Ojalá se me hubiese pegado algo del buen corazón de Asi. Al lado de él me sentía peor persona, por comparación claro. Nunca una palabra alta y siempre sin malicia. Como si aún siguiéramos en Donosti, mirábamos la webcam de la Zurriola[20] o la Perla[21] para ver que tal estaban las olas. Gracias a él seguimos la World Surf League y apoyamos a John John Florence contra Kelly

---

[20] Playa del barrio de Gros en Donosti.
[21] Conocido balneario de agua salada en la playa de la Concha.

Slater en el campeonato en Teahupo'o[22]. Me recomendó escuchar London Grammar del cual soy yo más fan ahora. Espero que él aprendiera algo de mí también. Incluso fuimos juntos a clases de danés. Vimos, de hecho, algún vídeo en YT para aprender los números. Por desgracia, nuestro fatídico profesor Frederik nos hizo perder la fe además de las ganas de aprender el idioma. Yo seguí, mejores profesores me devolvieron el ánimo en cursos posteriores.

A pesar de las bondades que os pueda enumerar, la convivencia nunca es fácil. Mi excompi de piso es alérgico a ciertos tipos de ácaros, aunque yo diría que le tenía más alergia a pasar la aspiradora. En contraposición, debía yo respirar fuerte a la noche según los informes recibidos a la mañana. Visto que teníamos distintas rutinas nocturnas, decidimos sacar una cama a la cocina/entrada/comedor de nuestro estudio. Nos turnábamos cada mes. Aquella fue la mejor decisión que pudimos tomar. Sacamos también las dichosas maletas que hacían el apartamento más pequeño. Las dejamos en el sótano en unas jaulas que teníamos con candado. Ya era hora de asumir que no nos íbamos a ninguna parte.

Fue en esta época cuando empecé a escuchar el programa de radio de La Vida Moderna en YT. Diría que Quequé, Broncano e Ignatius me han acompañado a diario en los últimos cuatro años. Este programa de la SER es de todo menos radio. Repaso a la actualidad, sátira política, humor inteligente y no tan inteligente, todo ello en un programa de 40 minutos grabado con público. Cada semana de lunes a jueves a las 8 de la tarde me saltaba la notificación de que el programa diario estaba disponible en YT. Desde enton-

---

[22] Pueblo en la costa suroeste de Tahití con unas olas maravillosas.

ces he ido siguiendo todo aquello que han tocado estos tres mosqueteros. David colaboraba en Late Motiv de Buenafuente mientras llevaba su propio programa, Loco Mundo. No me perdía uno. Qué pedazo de sinvergüenza. Eso pensé cuando Broncano sustituyó a Buenafuente, de baja por enfermedad, y entrevistó a Ken Follet. Sufrí viendo aquella entrevista desternillante. El pobre Ken estaba flipando en colores ante la sarta de gilipolleces que le preguntaba el de Orcera.

Quequé aprovechó el tirón de La Vida Moderna para dirigir su propio programa de radio, La Lengua Moderna, aún más cutre que el anterior. La verdadera razón por la que escuchaba este programa era Valeria Ros, mi cómica favorita. Además, Pablo Ibarburu colaboraba de vez en cuando. Recordad que todo esto es anterior a la Resistencia.

Ignatius, Juan Ignacio Delgado Alemany, a su vez colaboraba en Late Motiv y Loco Mundo. Ignatius siempre fue el más underground, *looser*[23] y estrella del programa. La primera vez que vi a Juan Ignacio en YT me dio verdadero asco. Su imagen es repugnante a primera vista. Poco a poco fui tolerándolo hasta que sus secciones en Late Motiv me ganaron del todo. De la repulsa a la atracción total cual imán que revierte sus polos, me considero fiel seguidor de Ignatius a día de hoy.

Xavi y Jorge vivían en un estudio parecido al nuestro en el tercer piso. Valencianos, cómo no, escuchaban también La Vida Moderna. Los tres nos imprimimos nuestro carné de la República Dictatorial de Moderdonia[24] en el que me

---

[23] Amatxo, *looser* en inglés significa perdedor.
[24] La República Dictatorial de Moderdonia es un estado mental inventado por La Vida Moderna.

definía como ingeniero de fluidos a pijo sacado. "¡Ay la virgen!", repetía como coletilla de tanto escuchar a Broncano. Recuerdo una conversación que tuvimos un día que me invitaron a tomar una cerveza en su casa. Al conocerles mejor entendí que también hay gente maja, sana, de izquierdas y leídas en España. No todo iba a ser caspa y más caspa del PP[25].

El primero de octubre de ese año se celebró un referéndum de independencia en Cataluña. El tema fue muy seguido en Europa. Tanto fue así que durante aquel semestre muchos me preguntaron sobre la situación política llegando incluso a darme su opinión. Un arrogante danés me espetó que Cataluña no tiene derecho a independizarse. Le repliqué que quién cojones le había preguntado. Poco antes de Navidad apenas un puñado seguíamos furulando por la resi. Nuestro vecino de en frente, el mexicano Carlos Daniel se había marchado con su novio sueco a Estocolmo. La puerta de al lado era la de Marina, una griega muy maja a la que invitamos mi vecino Javi y yo a cenar en casa de éste, ya

---

[25]PP son las siglas del Partido Popular, partido socialdemócrata conservador de centro derecha que gobernó desde que tuve conciencia política (2011) hasta 2018. Corrupción, conservadurismo y nacionalismo español.

que el otro Javi, el pelirrojo, y Dani se habían marchado ya. Marina nos preguntó sobre Cataluña y Javi comenzó a responder. Quiero mucho a Javi, es un crack y una bellísima persona. De hecho, me ofreció su cuarto cuando me quedé sin casa. Sin embargo, su admiración por Albert Rivera[26] no le ayudaron a dar la respuesta más objetiva. Por tanto, me vi obligado a dar una versión diametralmente opuesta a la de mi amigo valenciano. La pobre Marina se marchó hecha un lío, seguramente le daba absolutamente igual lo que pasara en Cataluña. Preguntó por hablar de algo, es mejor no torturar con largas explicaciones a los que preguntan por compromiso.

Mucho más interesados en saber la opinión de un joven *euskaldun*[27] fueron Xavi y Jorge. Pese a vivir en el mismo país según ese trozo de plástico denominado DNI[28], es curioso lo poco que yo sabía de Valencia y ellos de Euskal Herria. Discutíamos sobre si solo los catalanes tienen derecho a votar en un referéndum de secesión, o si por el contrario todos los habitantes de España debieran votar. No nos pusimos de acuerdo. De todos modos, aquella conversación me ayuda a recordar en qué coordenadas políticas andaba a finales de 2017. Les expuse que quiero la independencia para Euskal Herria, que no soy español y nunca lo seré, que no

---

[26] Alberto Carlos Rivera Díaz fundó un partido político unionista español en contra de la independencia de Cataluña. Tras su éxito en Cataluña, dio el salto a nivel nacional y le lucho al PP el primer puesto de la derecha. Se definía como liberal primero, como socialdemócrata después y finalmente solo como español. La indefinición y el nivel de nacionalismo español hicieron desaparecer del mapa a su partido.

[27] *Euskaldun* se traduce literalmente como el que tiene euskera, es decir, que habla euskera. Se usa coloquialmente como el gentilicio vasco.

[28] Documento Nacional de Identidad.

nos sentimos queridos en España. Añadí que si el euskera se hablara en una región de Alemania sería el mayor tesoro nacional. ¿Por qué en Sevilla se puede aprender francés o alemán en una escuela de idiomas pública y no euskera o catalán? Les dije también que yo tenía mucho más que ver con uno de Iparralde[29], de Hendaia por ejemplo, que con ellos mismos. ¡Menuda tontería! La realidad es que compartía y comparto innumerables intereses con Jorge mientras que no tengo ningún amigo de Iparralde, pero aún no lo asumía.

En cuanto al tema de elecciones, les conté que había votado a Bildu y a Podemos. Me sorprendió la beligerancia y desprecio con la que hablaba Jorge de Podemos. Me daba bastante pena, y así se lo decía a él, que la mala prensa proveniente de medios de derechas consiguiera que una persona de izquierdas como él prefiriera votar al PSOE. En fin, al menos votó a Compromís o Más Madrid del traidor Errejón, que mejoran al PSOE de Sánchez.

Jorge, a su vez, me hacía reflexionar ante la paradoja de ser de izquierdas e independentista. ¿No busca acaso la izquierda la unión de los trabajadores por encima de nacionalidades? Mi argumento era que la única forma de aplicar políticas de izquierda reales era separándose de España, cuyo estado podrido está totalmente parasitado por el corrupto PP. Parecí salirme con la mía, pero esa reflexión fue creando un poso en mí cual cal del agua dura de Copenhague en el fregadero. No me atreví a aceptar que todos los nacionalismos son fachas, como bien dice Quequé, que la raíz de cierta parte del independentismo

---

[29]Iparralde significa septentrional, y lo usamos para denominar a la zona norte de Euskal Herria. Son tres provincias vascas que se encuentran en el estado francés.

nacionalista toma su agua de acuíferos de odio y racismo. Esto lo entiendo ahora, pero no entonces. Por poner un ejemplo, cada vez que vuelvo a Donosti a visitar a mis padres y amigos, mi ama me pregunta si se me ha curado lo de la independencia. Yo le digo que nada más lejos. Que una vez visto lo bien que se pueden hacer las cosas sin la losa de la corrupción española, crecen mis ganas de ver un estado vasco independiente en el que nos podamos parecer a Dinamarca o Suiza.

"¡Han roto los candados y nos han robado!" escribió la parisina Emilie en el grupo de Whatsapp de Hyrdevangen 9. "Pobres, qué rabia", comentamos Asier y yo. La lástima nos duro poco al bajar al sótano a comprobar si nuestras jaulas estaban enteras. Efectivamente, nosotros también habíamos sido robados. Nos robaron sendas valijas grandes y las botas de monte de mi compañero. Qué putada... Era finales de Noviembre y pronto volveríamos a casa por Navidad. Además, yo ya había decidido que me marchaba de Hyrde, que buscaría otro lugar para el semestre que vendría, y por tanto, necesitábamos las maletas para mudarnos.

Llegas a un país nuevo, supuestamente civilizado, con algo de ropa y te quitan lo poco que tienes. Te sientes vulnerable. Pareciera una señal. Un toque de atención. Aquello que simboliza estar entre dos tierras ya no estaba. El robo como acto liberador. Una oportunidad para quitarse las pesadas alforjas llenas de prejuicios provincianos y llenar un nuevo equipaje.

Nunca pensé que nos robarían algo así en Dinamarca. Por suerte Kris, quien me recomendó Istanbul Bazar, me dejó una maleta suya que devolví a la vuelta con una botella de Marqués de Riscal. Espero que la disfrutara.

No todo es de color de rosa en "el país más feliz del mundo"[30]. La renta me parecía cara para un piso pequeño, compartido y mal equipado. No quería pedirles más dinero a mis padres. El tiempo fue frío y lluvioso. Mi cuerpo no terminaba de acostumbrarse a una hora de bicicleta al día. Echaba mucho de menos a Gaby y no tenía ganas de conocer gente nueva. Como expresión de esta apatía me dejé crecer la barba por más de un mes hasta que el dependiente del bazar me saludo con un "javivi". Para más inri, tomé 30 ECTS[31] el primer semestre con algunas de las asignaturas más cañeras de mi programa. Por primera vez en mi vida tuve que sudar tinta china para sacar la materia adelante. La vida de estudiante en CPH es económicamente encorsetada, aunque algunos no dudaban en salir todas las semanas en múltiples ocasiones y tomar las asignaturas más fáciles. Alguna de estos me echó en cara mi huraña y ascetismo. Me sentó como una patada en los huevos. Pija de mierda. Lo peor es que tenía razón. Tendría que haber salido el doble y haber visto menos YT.

---

[30] En el Informe Mundial sobre la Felicidad, publicado por la ONU, Dinamarca constantemente clasifica como el país más feliz del mundo

[31] European Credit Transfer and Accumulation System. Unidad de medida del volumen de trabajo que conlleva una asignatura.

Capítulo II

Kagså Kollegiet

Acabé el último examen del semestre el día de Santo Tomás[1]. Asier me mandó una foto con Gaby y Gonzalo, mi mejor amigo, disfrutando de la farra en Donosti. Santo Tomás es de las mejores fiestas del año y este era el segundo año consecutivo que me la perdía. Volví a casa directamente después del examen de Mecánica de Fluidos Computacional, pues no hubo las habituales cervezas de fin de semestre que tanto disfrutaba. Casi todos mis amigos se habían marchado ya y muy pocos quedábamos aún en Hyrdevangen. Al llegar a mi estudio hice la maleta en seguida, a un ritmo proporcional a las ganas de volver a Donosti por navidad. A la vuelta de dos escalas de avión me esperaban 40 días en casa.

---

[1]La feria de Santo Tomás es una tradición que data del siglo XIX, donde los *baserritarras* (caseros) de la provincia iban a la capital a pagar las rentas del año. Los rentistas preparaban una buena comida y los caseros comerciaban en la capital trayendo consigos su mejor producto.

¿En casa? En castellano decimos "me voy a casa", mientras que en inglés "I'm going home" se traduce por hogar. Al final de aquel semestre todos nos despedimos antes de ir a nuestro respectivos "home". Pudiera ser que aún no sintiéramos Copenhague o Hyrdevangen como nuestro hogar. No es si no cuando estuve fuera de Copenhague que empecé a sentir la ciudad como mía. De los 40 días pasé 36 con Gaby. No sin razón me advirtieron mis padres que nuestra casa no era un hotel. Pobrecitos. Su hijo hacía mucho que se había ido del nido. Lo bueno de ver poco a tus padres es que en las ocasiones que estáis juntos se evita discutir. No me gusta discutir, prefiero tener la razón y ya.

Pese a llevar poco tiempo fuera, pronto me di cuenta de que las amistades hay que regarlas. La distancia y el silencio te hacen perder cuerda y la pereza hace el resto. Las buenas amistades son aquellas que no hace falta regar mucho. Un cactus que sigue fuerte aunque se te olvidara atenderlo durante un largo tiempo.

Los cinco que fuimos de intercambio a California formamos un grupo de amigos cactus. Siempre que volvemos a Donosti intentamos cenar juntos y ponernos al día. De los 5 tan solo uno sigue en Donosti, cómodo tras las faldas de una madre, eligió el que para mí era el camino fácil. Los demás sucumbimos a las mieles de la libertad y emigramos a Madrid, Delft, Munich y Copenhague. En estas cenas de reencuentro evaluamos y nos comparamos inconscientemente. ¿Y si me hubiera quedado? ¿Sería más feliz? Sin hacer un tabla de pros y contras, el saldo parece a favor de los exiliados. Como prueba de ello, cuatro[2] años después aún seguimos fuera.

---

[2] Ya van cinco y medio y subiendo...

El 26 de Enero de 2018 volé de vuelta a Copenhague. Retumbaban todavía los tambores del día de San Sebastián en mis oídos. No he vuelto a disfrutar de la tamborrada[3] desde entonces. Por suerte el 20 de Enero se había vuelto una fecha más personal si cabe. Gaby y yo cumplíamos un año juntos. El 19 del mismo mes la llevé en coche a Pamplona para presentarse al *Toefl*, examen de inglés necesario para solicitar plaza en DTU.

Me sequé las lágrimas con los dedos de la mano derecha antes de iniciar el control de seguridad en el aeropuerto de Bilbao. Nunca antes se me hizo tan duro marcharme. La voz entrecortada de mi aita necesitó un sonoro carraspeo después del abrazo de despedida más largo de lo normal. Tampoco es fácil para los padres asumir que tu hijo vive a 2.000 km. Más duro aún cuando tu hijo se va triste, dejando a novia, familia y amigos cactus atrás. En Dinamarca me esperaba la incertidumbre. Pese a terminar mi contrato en Hyrdevangen, no había conseguido alojamiento para el nuevo semestre.

Llevaba meses en la lista de espera de un apartamento individual con cocina en Kagså Kollegiet. Es gracioso que a las residencias de estudiantes en danés se les diga colegios. Una vez vista la fauna que las habita no me extraña el nombre. Pero no adelantemos acontecimientos. Antes de recibir mi nuevo apartamento, me tuve que alojar en tres casas distintas. La primera fue Hyrde, donde como favor a Asier limpié la casa a fondo. El primero de Febrero completamos la primera mudanza a la siguiente casa de Asier. La oficina de alojamiento de la universidad le había dado una habitación

---

[3]Fiesta Donostiarra que conmemora la relación entre los easonenses y los soldados franceses que habían ocupado la ciudad desde 1808 a 1812.

en el mismo campus. La residencia se llamaba "Campus Village", eufemismo absoluto, Camping Village le hacía más justicia. Esta residencia estaba formada por contenedores de color rojo adosados entre sí. Las calles eran de barro y grava, como en cualquier camping. Aquel primero de febrero había nevado y hacía mucho frío.

Al poco tiempo Asier sustituyó el expresión "mi casa" por "mi *container*", incluso una vez viviendo ya en una casa de persona normal, se le escapaba la palabra *container* para referirse a ella. Pese a la precariedad, recuerdo esos días con cariño. Conocí a las compañeras de container de mi amigo y hasta nos dio tiempo de organizar una "house warming party[4]". Casualidades de la vida, una brasileña del mismo contenedor había estudiado en Cal Poly[5]. Estuvimos un buen rato rememorando historias de California y aquel maravilloso campus.

"Mañana llega un amigo de Donosti a visitarme. ¿Tú crees que entramos los tres?" De este modo tan sutil fui botado del poblado camping. Tirando de agenda acepté la hospitalidad de mi exvecino Dani. Primero de todos en escaparse de Hyrde, había conseguido una espaciosa habitación una residencia en Østerbro. Mi propuesta fue hacerle

---

[4] Es típico organizar una cena/fiestecilla en tu nueva casa para enseñársela a tus amigos. Se traduce como fiesta para calentar la casa.

[5] California Polytechnic State University se encuentra en San Luis Obispo de Tolosa y tuve la suerte de estudiar un semestre allí.

la compra y cocinarle durante mi estancia, que se alargó hasta los 10 días. Él, muy generoso, no aceptó. Acordamos que haríamos la compra a medias y que pagaría la estadía con conversación y compañía. Como una pareja de recién enamorados, fueron unos días muy tranquilos en los que la convivencia fue exquisita. Él tocaba *Breath* de Pink Floyd a la guitarra y yo *Entre dos aguas* de Paco de Lucía. Fuimos a mercadillos de segunda mano en busca de algún chollo con Carmen, compañera de pasillo. Aún le estoy muy agradecido por aquella decena de días en las que compartimos habitación.

Tras veinte días con las maletas a cuestas, 3 casas distintas y o minutos de intimidad, recibí las llaves del que sería mi *bunker* aquel invierno. Iluso de mí, pensaba que me había librado del peor mes, de los días cortos; en cambio febrero y marzo son los más frustrantes. Pese a contar con más horas de luz, el sol no calienta ni el hielo antes de abril. Por suerte, la calefacción funcionaba como un tiro en mi nuevo hogar, Kagsåkollegiet número 9. Aquellos 19 m^2 me parecían un palacio en el que disponía de baño para mí solo. ¡Mi baño! Por un tiempo mi casa no se diferenciaba mucho del plano de abajo.

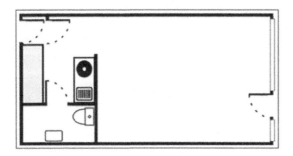

Apenas tenía muebles. Sobre el suelo un colchón delgado que usan en Dinamarca sobre un "boxmadrass[6]", al lado una silla enana que le habían dado a Asi en un evento de DTU, un hornillo que me chorimangueé de Hyrde y un burro que me regaló Javi, el que no era pelirrojo, que hacía las veces de armario. El ventanal era enorme y daba a un jardín común. Por norma general, las casas de alquiler en Dinamarca se reciben completamente vacías. De hecho, no tuve cortinas por una semana. Sin yo saberlo, en el edificio de en frente me habían puesto el escueto sobrenombre del "tío que no tiene cortinas y va sin camiseta en su casa". Efectivamente, me gusta ir semidesnudo por mi casa. Por algún motivo, a alguien le debió molestar. Esto lo supe porque Jon vivió en el edificio de en frente.

A principios de Marzo Jon se mudó a Kagså. Su habitación no tenía cocina propia, sino que compartía con otros once estudiantes. Donostiarra también, fuimos juntos a clase en primero y segundo de ingeniería. Antes de ser mi vecino, a duras penas nos veíamos fuera de los "fredag bar[7]" en DTU. Me alegró enormemente tener a Jon cerca, pues si algo es él es un tipo divertido. Siempre dispuesto a echar un mano, me ayudó a meter un sofá por la puerta del jardín. Aquellos muebles eran desechados por los que se iban de Kagså pues debían entregar los apartamentos completamente vacíos. De este modo conseguí, además de este sofá de cuero, una mesa de madera, una silla de trabajo, otras sillas de comedor, una mesita de noche y algunas cosas más.

---

[6] Mitad somier, mitad colchón. No entiendo aún como los daneses pueden usar es mierda en vez de un colchón como Dios manda.

[7] En cualquier lugar de trabajo en Dinamarca es habitual tomar algo con los compañeros de trabajo los viernes al final de la jornada en la misma empresa. Se denomina "bar de viernes".

Por esas fechas alquilamos una furgoneta Jon, una amigo holandés suyo y yo. Por cierto este holandés tiene uno de los nombres más chulos que he oído, Rick Kool. Hicimos una *tourné* por nuestras antiguas residencias recogiendo todo aquello que habíamos dejado en casas de amigos. Mientras ellos conducían al sur, me dejaron en Ikea donde entre otras cosas compré mi maravilloso colchón de 2 por 1,40. Casi un mes más tarde de haber llegado a mi nuevo hogar, por fin dormí en un colchón decente con sábanas nuevas y edredón nórdico recién estrenado. Colchón que sigo usando, fue sin duda una gran inversión.

Cuando pensamos en una residencia de estudiantes nos imaginamos camaradería, fiesta y jolgorio. Esta resi no tenía nada que ver con aquello. La puerta de mi apartamentito daba a la calle y la otra al jardín común en el que mis vecinos y yo tan solo salíamos a colgar la sábanas recién lavadas en verano. Por tanto la interacción voluntaria con mis convecinos era nula. Si quería contacto humano debía salir y buscarlo. La mejor opción era cruzar el jardín y visitar a Jon. Sin embargo, no obtuve esa ansiada atención pues se la llevaba casi en total medida su novia danesa. Nadie le culpa. Yo también hubiese preferido una novia danesa a mí mismo. Una vez descartada la opción Jon, pensaba en todos aquellos amigos y amigas que había hecho en los primeros 6 meses de máster. Pero claro, esto significaba salir de Kagså, poca broma. Mi resi estaba a pocos minutos a pie del hospital de Herlev y la parada de bus más cercana estaba a más de diez minutos andando. Pese a pertenecer a la municipalidad de Gladsaxe, a la urbe de civilización más cercana, Herlev, se llegaba tras andar unos 25 minutos. Al lado del hospital se encontraba la parada del 5C, bus capaz de llevarte en 35 minutos al centro. Todas estas distancias se recorrían tres veces más rápido en bicicleta, artículo indispensable para no morirse del asco. En bici iba a hacer la compra cuando ésta era pequeña. De necesitar una compra más copiosa, 15 minutos andando no me los quitaba nadie, más otros 15 de vuelta, por supuesto. De todos modos no había mucha variedad que comprar en el Netto, único supermercado a 20 minutos a la redonda. El viento, la lluvia y las temperaturas negativas ahondaron en mi soledad. Prefería estar solo a luchar contra los elementos, superado por la pereza y el victimismo. Como puedes imaginarte, empecé a pasar muchas horas solo.

Al principio la soledad fue un alivio. Me encontraba cómodo, seguro y tranquilo en mi pequeño palacio sin que nadie me molestara. Había conseguido un alquiler barato para no tener que pedir mucho dinero a mis padres y además no tenía que compartir piso. "Qué bien estoy..." me decía a veces. La realidad es que tras las primeras semanas de serenidad, la soledad se convirtió en arma de doble filo. Me enfadaba con mis amigos por no avisarme de los planes. Casi en modo conspiranoico, pensaba ocultamente que quedaban a mis espaldas. La realidad es que el victimismo me cegaba y yo no hacía nada para llamar la atención de mis amigos. Esta actitud no hizo más que agravar la situación.

De esta solitaria crisis personal hubo una actitud rescatable, un hábito que creo haber convertido en virtud. En efecto, aproveché todas esas horas muertas para escuchar. Creé un rutina que seguía cual monje de clausura. Todos los días veía Late Motiv de Andreu y la Resistencia de Broncano que recién había empezado a emitirse. Tuve la fortuna de poder ver Movistar+[8], pues además de los mencionados programas de lunes a viernes, también veía los semanales Loco Mundo, ahora con Quequé, Ilustres Ignorantes de Cansado, Colubi y Coronas y Cuando Ya No Esté de Iñaki Gabilondo. A todo esto había que sumarle el programa diario de La Vida Moderna en YT y el semanal Nadie Sabe Nada de Berto y Andreu. Siguiendo con el grupo PRISA, todas las mañanas escuchaba la Voz de Iñaki. Por otro lado, nunca me perdía el programa de Facu y Miguel "No te metas en política", en honor a la frase que Franco le dijo una vez al director del diario Arriba. Facu y Miguel endulzaban el fin de semana con su sátira política. Tan rojos como son ellos, comenzaron a trabajar en *La Tuerka* de Iglesias y compañía. En seguida se dieron cuenta que sus *sketches* se quedaban cortos y montaron este programa semanal que recomiendo a todos ver.

Sumando todas las horas de contenido audiovisual arriba mencionado y tirando por lo bajo, tenía aseguradas al menos 15 horas de entretenimiento a la semana. El humor fue la forma de aproximarme a la actualidad española, mantenerme al día y reírme un poco. Por si todo esto fuera poco, todos los días revisaba los titulares de la versión digital de al menos tres periódicos. El País, elDiario.es y Noticias de Gipuzkoa. Si había ganado la Real[9] o alguna movida había sucedido en Donosti, revisaba El Diario Vasco[10] no sin recelo. Cada vez que hablaba con la ama y me preguntaba si me había enterado de esto y lo otro, ya

---

[8]Movistar+ es la cadena de pago de Telefónica.

[9]Real Sociedad de Fútbol S.A.D. es el equipo de mi ciudad y mis amores.

[10]Un periodicucho de centroderecha muy leído en Gipuzkoa

lo había leído en algún lugar. Aunque "aislado", solo y a mucha distancia de la península ibérica, poca gente estaba más al tanto de la actualidad que yo. Paradoja absurda que no supe romper hasta años más tarde. En lo que al deporte se refiere, no me perdía un partido de la Real y revisaba todos los días las últimas noticias de El Mundo Deportivo sobre el equipo de mis amores. Por desgracia, aún mantengo la manía de entrar en Marca[11] para hacer lo propio.

A mediados de Marzo hubo un fin de semana largo que me sacó del hoyo y me devolvió la felicidad. "Borjita, hemos hablado Carmen, Solènita, Jorge y yo de ir a Berlín al concierto de Talco. ¿Te apuntas? Salimos mañana". No hizo falta que Dani me explicase mucho más. Berlín está a unos 400 km de Copenhague en línea recta. Me esperaba, por lo tanto, el mismo frío, viento y nieve que no alentaba a hacer la compra muy a menudo. Sin embargo, Berlín nos obsequió con hasta 20 grados y sol a ratos que hicieron posible que me quitara los guantes y vistiera en mangas de camisa. Anécdotas a parte, el verdadero regalos de este viaje fue estar rodeado de buenas personas que me dieron cariño, del cual andaba muy falto. Mikel cogió un tren de más de 5 horas desde Munich para acercarse a verme. Eso es un amigo.

La buena compañía, un poco de turismo, cerveza y una buena farra a base de Jägermeister me devolvieron a Kagså como nuevo. La parálisis mental-social estaba rota y dejé de jugar a la víctima. Para celebrar este cambio de actitud, Gaby vino a visitarme pocos días después. Fui a buscarle al aeropuerto. ¡Qué guapa estaba! Hacía casi dos meses que

---

[11]Diario deportivo más leído en España. Vocero del Real Madrid y algo cuñado.

no nos veíamos. Vestía su abrigo de color granate que apenas se quitó por el frío que hacía. La sensación térmica de esos días rondó los -12 grados y el mar estaba congelado. Nos dolía la cara a los 5 minutos de estar en la calle por lo que el turismo no fue extenso. Fuimos de café en café y tiro porque me toca. Las temperaturas tropicales del clima interior de jardín botánico nos permitieron quitarnos la bufanda y el abrigo por un rato. Pedimos a unos despistados turistas que nos sacaran una foto. Aún tengo aquella foto en mi perfil de Whatsapp.

Cada vez que le cuento a alguien que Gaby vino a vivir a Dinamarca por mí, me responden "she must really love you[12]". Así debe ser porque el frío que pasamos no le pudo haber dado peor impresión. Su vuelo de vuelta era temprano. El poste de la parada de bus que informa de las líneas estaba totalmente cubierto de nieve. Al parecer había nevado toda la noche. La despedida fue poco traumática puesto que nos veíamos en un par de semanas coincidiendo la semana santa con su cumpleaños.

Eran las 7 de la mañana y Gaby ya había pasado el security check. Tomé un tren al norte de la isla de Sjeland,

---

[12] "Te debe querer mucho"

Zelandia en castellano. Le di una vuelta al castillo de Kronborg en Helsingør, en el cual Shakespeare se inspiró para su Hamlet. Estaba totalmente nevado y no había nadie. ¿Quién iba a haber a las 8 de la mañana de un martes con un frío que pela? A un lado Kronborg, al otro el estrecho de Øresund, desde donde se avista Suecia sin necesidad de altura alguna. Tenía mucho sueño y el viento se me metía por debajo del abrigo Ternua[13] que me había regalado mi *izeba*[14] Isabel, que también es mi madrina. Pese a todo, flotaba sobre la nieve virgen intentado dejar la huella perfecta. Las botas habían sido el regalo de Kike, mi padrino, para que no pasara frío en invierno. La responsabilidad que tomaron en mi bautizó me protegieron del clima danés. Mientras me acordaba de ellos, recordaba los últimos días pasados con Gaby, el viaje a Berlín, mi nuevo colchón, los malos ratos, el invierno inacabable, mi aitas, mi hermana. El verbo recordar es precioso, significa volver a pasar por el corazón. Volví a pasar todos estos pensamientos por el corazón y no había rastro de pena ni melancolía, sino fuerza y alegría.

De vuelta a la rutina, Youtube me premió con excelentes sugerencias gracias a su tan maravilloso como perverso algoritmo. Hacía un tiempo que tras ver entrevistas realizadas por el elDiario.es, YT me recomendaba videos de Público, específicamente el late night de Juan Carlos Monedero llamado En la Frontera. Monedero comenzaba su programa con un monólogo comentando la actualidad con su característica ironía y aires de superioridad. No es un personaje que me cause ninguna simpatía, más bien lo contrario. Sin

---

[13]Popular marca de ropa de montaña en Euskal Herría.
[14]Tía en euskera.

embargo, algunos de los invitados al programa presentaban interesantes libros o habían participado en política. Por lo tanto, algunas de las entrevistas eran muy buenas. Compartían invitados con Otra Vuelta de Tuerka. Estas sí que eran geniales entrevistas. Al entrar en el gobierno Pablo Iglesias en enero de 2020 dejó de realizar el programa. Muchos de los invitados eran afines a Podemos, aunque mis programas favoritos fueron con aquellos que más lejos estaban ideológicamente hablando. Por ejemplo, son excelentes las entrevistas a Antonio Escohotado, Luis María Ansón y Juan Manuel de Prada entre otros. Son interesantes también las de los presidentes Zapatero, Dilma Rousseff o Rafael Correa, como la de los escritores Leonardo Padura y Almudena Grandes entre otros.

Por aquel entonces sentía gran veneración por Pablo Iglesias y quería que fuera Presidente de España. Creía que sería la solución a todos los problemas. Uso el pretérito imperfecto pues ya no creo, quiero ni espero que sea ningún cargo político y me alegro mucho de que haya dejado la política activa. Ojalá vuelva a sus maravillosas entrevistas y siga conversando con aquellos que piensan diferente.

Para personas que piensan diferente, los amigos de mi amiga Lourdes de Sevilla. El uno de abril nevó en Copenhague, pero a mí me daba lo mismo. Tomé un vuelo directo a la antigua Hispalis donde me esperaban tres días en la Feria de Abril con Gonzalo, mi mejor amigo. Nunca creí que me encontraría tan a gusto entre votantes de derecha. Que gracia. El independentista votante de Bildu disfrazado de "pepero" tomando rebujitos y bailando sevillanas. No sabéis lo bien me lo pasé.

Capítulo III

Tapa del Toro

A las dos semanas empezó el verano en CPH. Tan solo 15 días después de ver nevar, fui a la playa de Klampenborg al norte de Hellerup con Asi. La playa también es conocida como Bellevue y se encuentra a 25 minutos en bici de la uni. El camino más fácil sigue la carretera comarcal, mientras que por una pista de tierra y grava se puede cruzar el bosque de los ciervos. Al final del bosque antes de llegar a Klampenborg hicimos una paradita para tomarme unos churros con chocolate en el parque de atracciones Bakken.

Al ser día laboral no había mucha gente en la playa. Por suerte, nos dejaron unirnos a un partidillo de beach volley que nos dio el calor suficiente como para meternos en el agua. El verano de 2018 fue el más caluroso de Dinamarca desde que se tienen registros. Por lo que al volver a Donosti para la graduación de Gaby, familia y amigos no creían que viniera de Escandinavia pues era el más moreno del lugar.

A la vuelta de la feria de Sevilla tocaba sentarse y planificar el verano. A principios de mayo tendría los exámenes del semestre. A finales visitaría Donosti y volvería para principios de junio por una asignatura intensiva de tres semanas. En julio tomaría clases de danés todas las mañanas con el objetivo de que el tiempo pasara lo más rápido posible. Y es que contaba los días para que Gaby se mudase a Copenhague y empezásemos a vivir por fin juntos. Lo único que me faltaba era conseguir un trabajo que pagara mis facturas. Desde marzo andaba buscando un *student job*[1] o una *internship*[2] en alguna empresa de ingeniería mecánica. No hubo suerte por lo que fuera y hubo que aceptar la realidad de los estudiantes extranjeros en Dinamarca. Y es que casi todos acabamos de camareros, cocineros o botones de algún hotel. No importaba el trabajo, puesto que 45 horas mensuales son suficientes para solicitar la ayuda al estudiante de unos 700 euros al mes. Cualquier cosa me valía y empecé a preguntar entre mis amistades. Resultó que el bueno de Jorge se volvía a Valencia por más de dos meses, por lo que le propuso a su jefe que yo le sustituyera.

A finales de abril tuve la entrevista con Martin, el manager de Tapa del Toro. Pelo muy corto, cerca de los 2 metros de altura, ojos azules, pinta de porrero y pocas ganas de trabajar. Así definiría a Martín, un verdadero desastre de tío. Pese a todo, para nosotros fue el jefe perfecto.

Llegué algo antes de la hora y me puse a charlar con Jorge mientras él preparaba pintxos. Apareció Martin y me saludó amable y serio a la vez. No me pidió ningún curriculum ni vainas de esas. Cual *date* de tinder, fuimos a dar un paseo por los jardines de Tívoli. Me preguntó sobre mí, quería saber si era un soso o introvertido. Por mi parte, intenté ser agradable sin pasarme de graciosillo. Comenzó

---

[1] Trabajo de estudiante que suelen ser dos días a la semana, muy típicos en Dinamarca.
[2] Prácticas de interno.

a hacerme una pregunta cuando en mitad de la frase se calló y siguió con su mirada un cuerpazo que pasaba por delante de nosotros. No sin esfuerzo, se sobrepuso a su imaginación e intentó formularme la pregunta. Sin embargo, no hubo manera. Se le había olvidado. De todos modos, ya le había caído lo suficientemente bien como para contratarme por lo que las demás preguntas sobraban. Volvimos a Tapa del Toro que se encontraba en el Tivoli Foodhall, y firmamos el contrato. ¡Por fin tenía un trabajo! Nunca más volvería a pedir dinero a mis padres.

La crisis del 2008 nos pilló a los de mi quinta con 13 años. Recién empezada la ESO[3], los profesores ya nos hablaban de la importancia de encontrar un buen trabajo. Nos hemos criado oyendo las cifras del paro o la prima de riesgo en televisión. Quieras que no, el mensaje de estudiar una carrera con salidas va calando y a la hora de escoger qué estudiar no me planteé, en modo serio alguno, ninguna carrera fuera de lo común. A los 17 años no leía ningún libro que no fuese en euskera. Este hábito comenzó preparando el famoso EGA[4], algo así como el examen C1 de euskera. Una vez más, el hábito se convirtió en virtud y mejoré mucho mi nivel del idioma de mis antepasados.

Siempre me interesó la historia en general y la de mis antepasados en particular. ¿De dónde vienen los vascos? El nacionalismo de Sabino Arana nació ante la cascada de migrantes españoles que inundó Bilbao y alrededores en la segunda mitad del siglo XIX. Para él estas personas venían a manchar la pura raza vasca y nuestras costumbres ancestrales. Yo, nacionalista también, por tanto racista

---

[3] Enseñanza Secundaria Obligatoria
[4] Euskararen Gaitasu Agiria. Examen de euskera nivel C1

como el que más, busqué en mi familia para ver cuanta de esa pureza había llegado a mi sangre. A la vuelta de California me puse manos a la obra y estuve más de 50 horas buscando en la base de datos de los registros sacramentales de Gipuzkoa y Bizkaia desde el siglo XV en adelante. ¡Me río yo de la película Ocho Apellidos Vascos! Encontré más de 1000 antepasados con sus correspondientes apellidos. Puedo decir sin miedo que tengo más de 500 apellidos vascos. No sabéis la rabia que me da pensar que tengo una tatarabuela que era de Burgos.

Atención, lector. Aviso. Se vienen 3 páginas sobre el vascoiberismo. Puedes comertelas para entenderme mejor o saltar a la página 37. Yo no te juzgo. Avisado quedas.

Por suerte, la ignorancia nacionalista también se cura con una buena receta de lectura. Youtube me ayudó en la parte de investigación. Hubo un programa de Una Historia de Vasconia que trataba sobre la vasconización tardía de lo que hoy es Euskadi. Decía Alberto Santana en aquel episodio que el euskera habría nacido algún valle de Aquitania y se habría extendido hasta Navarra por el sur, el río Garona al norte y hasta Andorra por el este. El mapa aquí abajo muestra la extensión del euskera alrededor del principio de nuestra era. Contra todo pronóstico, abogaba por la teoría de que el euskera entró en Euskadi en los primeros siglos de nuestra era. Este programa despertó mi interés latente sobre la historia del euskera, idioma más antiguo de Europa.

En mayo de 2018 me puse manos a la obra en mi labor de investigador. Un investigador un tanto vago he de decir, puesto que Youtube fue mi herramienta principal. Hay que admitir que hay mucha mierda en YT y es fácil caer en

ella hasta que uno aprende como encontrar contenido de calidad. En plena búsqueda sobre Tartesos[5] y los iberos[6], topé con varias conferencias sobre el tema en el canal de la Fundación Juan March.

Juan March Ordinas fue un empresario mallorquí que comenzó su fortuna con el contrabando de tabaco. El origen de su fortuna tiene numerosos claroscuros: el asesinato de un contrabandista rival, la colaboración con la dictadura de Primo de Rivera durante la cual fundó la Banca March, y la financiación de la sublevación del 36 entre otras. Pareciera este tipo ser un pájaro; otros dirán que fue un hombre hecho a sí mismo. Ambos tienen razón. En lo que a mi respecta, estoy muy agradecido de que en 1955 creara la Fundación Juan March. Fundación privada y únicamente

---

[5]Tartesos fue la primera civilización de occidente y su asentamiento se dio en el suroeste de la península ibérica. Muchos indican la posibilidad de que la atlántida mencionada por Platón en el diálogo Critias sea la propia Tartesos.

[6]Pueblo indígena de la península ibérica localizado en la costa mediterránea a la llegada de los romanos.

financiada por el patrimonio familiar, se dedica a difundir el arte y el conocimiento a través de exposiciones y conferencias, becas y bibliotecas.

Desde hace unos años, la fundación sube las conferencias/conciertos/entrevistas a YT y es aquí donde me llevó mi humilde investigación. Imagíname en mi palacio de 19m² sentado sobre mi silla de escritorio de segunda mano, indagando en mi ordenador sobre la mesa de tercera o cuarta mano, pasando horas y horas hasta que mis ojos dijeran basta. Además de las conferencias vistas en aquella época sobre iberos, tartésicos y pueblos prerromanos de la Península Ibérica en general, he seguido suscrito al canal. Gracias a ello, he podido disfrutar de temas tan variados como la cultura minoica y micénica, los mitos cretenses, los siete sabios de la Grecia antigua, los orígenes del Camino de Santiago, Maimónides y Aberroes, Nietzche, Dante y la Divina Comedia, los misterios dionisiacos y eleusinos, Erasmo de Rotterdam, Lutero o las entrevistas a Gabilondo, Escohotado, Aute o Arsuaga entre otros y muchos otros temas más.

Empezome a cobrar especial interés los iberos, o íberos como yo prefiero. ¿Qué cojones de idioma hablaban estas gentes? Un inicial vistazo en Wikipedia me deja asombrado: los numerales en ibero son exactamente iguales a los del euskera con los típicos cambios lingüísticos petaka-bodega[7]. Prosiguiendo mi búsqueda, encuentro y leo en diagonal infinidad de artículos y blogs de dudosa rigurosidad. Cansado de leer, busco en YT sobre la relación

---

[7]Las consonantes p-t-k se cambian por b-d-g o viceversa. Por ejemplo, en latín *corpus*, en castellano *cuerpo*, en euskera es *gorputz*. El numeral 20 en euskera es *hogei* y en ibero es *orkei*.

entre el euskera y el ibero y caigo en una serie de vídeos de un tal Xebe Diez. Todo un personaje que estudió Filosofía y Periodismo y es actor de teatro y doblaje, explica su teoría sobre el ibero en el canal Valdeande Mágico que versa sobre "la teoría del todo". En este vídeo suelta la siguiente bomba: "el ibero es un dialecto del euskera". ¿Por qué no al revés?, me pregunto yo. Explica, a su manera, que *ibero* viene de *ibai bero*, río caliente en euskera. Ibero se transformó en Ebro con el tiempo, río que no se congeló en la última glaciación hace unos 15.000 años. A su vez *Iberia* se traduciría pueblo del valle o del río. Ibai (río), ibar o iber (valle), son de la misma etimología, de donde la raíz *ib* significa agua. Es por esto que en Aragón llaman *ibón* a los lagos, donde *on* viene de *gune* o *gone* que significa lugar. Es decir, *ibon* en euskera o ibero se traduciría por lugar de agua o lago. El nombre de la teoría que afirma que el euskera y el ibero son lenguas de la misma familia y que éstas se hablaban por toda la península se denomina Vascoiberismo.

Bueno. Toma aire. Lo peor ya ha pasado, tranquilo. Ya has pasado el rollo este de los iberos y el euskera. En casa me llamaban euskalki (dialecto del euskera) de lo pelma que era.

El 6 de mayo de 2018 fue uno más de estos días en los que me ponía a bucear en YT. Sin embargo, esta fecha fue un punto de inflexión en las sugerencias del algoritmo. Resulta que Fernando Sáchez Dragó realizó un programa sobre el Vascoiberismo en su programa de Telemadrid *Las Noches Blancas* en mayo del 2011, donde entrevistaba a Bernat Mirá Tormo y Antonio Arnáiz-Villena. Bernat es autor de las obras *¿Son o no son los vascos ibéricos?* o *El origen ibero-tartésico del euskera* e intenta traducir muchos topónimos ibéricos de la Comunidad Valenciana con el euskera apoyando la teoría vascoiberista. Aquella entrevista me pareció interesantísima, pero la importancia de aquel vídeo reside en la gama de nuevos temas que YT comenzó a proponerme. De pronto nuevos programas de Las noches blancas o Negro sobre blanco salían en la portada de inicio de mi cuenta de YT. Estos son programas de unos 50 minutos de duración en su mayoría de temas de literatura, aunque también son frecuentes otro tipo de temas como el Liberalismo, Progresismo o la figura de Jose Antonio Primo de Rivera (estos tres últimos son fantásticos programas). Pese a la insistencia de Youtube, yo me resistía a ver a Dragó por su fama de facha y machista. De hecho, no fue sino hasta un programa de Monedero con Dragó como invitado en la entrevista final que me hizo cambiar de idea.

A finales de mayo viajé a Donosti por la graduación de Gaby. Así mismo, sus padres y hermana viajaron desde Caracas para visitar a su hija convertida, por fin, en ingeniera biomédica, y de paso pasar unos días con hermana, cuñado y sobrinos que viven en España. Mientras Gaby ensayaba con sus compañeros de curso la entrada al auditorio Kursaal, me fui con su familia a tomar algo al bar Picachilla. "Bueno, Borha[8]. Cuéntame. ¿Cuál es el plan?" soltó Gladys. En apenas dos meses Gaby se mudaría a Dinamarca y viviríamos juntos. Al parecer, no es costumbre vivir en pecado en Venezuela, mientras que el concubinato es el pan de ca-

---

[8] En Venezuela y en hispanoamerica en general, el sonido j es más suave que en el viejo continente.

da día en Europa. "Pues, estudiar, trabajar de lo que sea al mismo tiempo y encontrar un buen trabajo de ingeniero al terminar" intenté salir del paso. Seguramente no le convencí, pero me vería de buen corazón.

El Borja de aquel entonces tenía buen corazón hasta el punto de la ingenuidad. Tras 10 meses viviendo en Dinamarca poco había cambiado en su forma de ser. Quizá un tanto más cosmopolita si se quiere, en tanto a haber conocido otros modos y gentes. Sin duda alguna, tantas horas de La Vida Moderna, La Resistencia o Late Motiv habían influenciado y moldeado mi humor. Un humor un tanto ácido y elitista, solo al alcance de aquellos que conocen bien a Ignatius y compañía. Algo más independiente si cabe, ahora económicamente también. Pero igual de izquierdas que siempre. De hecho, tuve la desfachatez y mala educación de mofarme cuando el papa de Gaby me dijo que se informaba de España leyendo el ABC. "El ABC lo leo cuando quiero reírme un rato" le espeté. ¿Quién era yo para juzgar lo que el padre de mi novia lea o deje de leer? Desde entonces, y muy de vez en cuando, empecé a leer algunos titulares de la prensa de derechas para ver que dice el enemigo. Es un ejercicio enriquecedor que conlleva riesgos como entender lo que la otra persona piensa, o incluso estar de acuerdo a veces en ciertos temas. ¡Qué horror!

Terminadas estas dulces vacaciones, volví a Copenhague a principios de Junio con el "ebook" de mi ama bajo el brazo. Preví un verano solitario en el que pudiera retomar la lectura. Y es que no leía un mísero libro desde que estaba en el cole. Al menos que recuerde. Siempre me encantó la lectura. Recuerdo como mis padres me leyeron el primer libro de Harry Potter, un trocito cada noche. En casa éramos del circulo de lectores hasta que no entraron más en la estantería de la sala. Por mi cumple o navidad solía pedir libros. Me hacía un esquema mental de qué libros pediría a quien. No me fiaba de que fueran a comprar el correcto, por lo que escribía el título, el autor y hasta un dibujito para que no se equivocasen. Hubo una época en la que devoraba novelas. Sin embargo, la carrera me dejo seco. Sin tiempo de calidad para priorizar la lectura. Los estudios, el baloncesto, monitor de tiempo libre, amigos y las pocas chicas que me hacían caso ocupaban todo mi tiempo. O al menos toda mi energía. Aquel verano era hora de retomar buenos hábitos y es por eso que le tomé prestado para siempre el *ebook*[9] a mi ama.

El primer libro que leí tras tanto tiempo fue *Sapiens* de Yuval Harari. Asier me lo había recomendado, pues lo estaba leyendo, aunque no sé si lo terminó. Fue un buen primer libro para romper mi himen lector de nuevo. Llevaba casi cinco años siendo un "analfabeto funcional", que sabe leer y escribir, pero que ni lee ni escribe[10]. El segundo libro que leí fue la biografía de Mao por Jonathan Spence. Así de izquierdas era yo, capaz de leerme ese tostón de libro. Algo más tarde, durante el invierno, leí *La toponimia prerromana del norte de España* de Fritz Garvens. ¡Qué maravilla! Imaginadme recomendándoselo a todas mis amistades hispanohablantes de Copenhague. Ya dirían, vaya puto loco este que lee esas piedras de libros. Cualquier excusa era buena para que mis amigos sufrieran una miniconferencia sobre el tema. A Javi, un soriano que quiere ser vasco, pareció interesante el tema y lo fundí a

---

[9]Libro electrónico
[10]Definición que escuché dar a Antonio Escohotado.

bibliografía hasta que se le derritieron las pestañas al pobre.

Volviendo a Junio de 2018, en DTU se ofrecen asignaturas de 3 semanas por 5 ECTS que nada tienen que ver con las ETS. Tomé la asignatura *Applied CFD*[11] con mi amigo Lorenzo. De Treviso y un año mayor que yo, nos habíamos conocido en el primer día de la semana introductoria del máster. Tras esta asignatura ambos nos enamoramos de la Mecánica de Fluidos Computacional, es decir, simulación de fluidos con un ordenador. La mezcla de complejidad y belleza de la Física y las Matemáticas nos cautivó. Poder entender hacia donde va el aire, ver la transferencia de calor o predecir la cavitación en una bomba son algunas de las maravillas que se pueden lograr con CFD. Puede sonar raro y un tanto *friki*, pero el CFD fue para mí avistar Ítaca para Ulises tras la odisea que puede ser estudiar una carrera de ingeniería. En mi caso no tanto por la dificultad sino por la angustia de darte cuenta de que no te gusta nada de lo que te enseñan. ¿Voy a trabajar en esta mierda toda la vida? Por suerte me encantó trabajar con CFD y tuve muy claro desde entonces que trataría de buscar un trabajo relacionado al acabar el máster. Qué descanso... Descubrir lo que a uno le gusta es mucho más complicado que estudiar dos grados y tres másteres.

Pese a todo, no disponía de mucho tiempo para hacerme el cuento de la lechera. Me calzaba cada día unos 20km de bici para ir a clase además de haber empezado a trabajar en el bar, el bar que me enseñaría mucho más que cualquier máster. Trabajaba algunos días después de clase y fines de semana. Decía adiós a esas fantásticas 48 horas entre

---

[11]Computational Fluid Mechanics, Mecánica de Fluidos Computacional

el viernes y el lunes, donde la gente viaja, bebe, come y disfruta. A cambio, pasaba las horas en el bar con Albert quejándonos del mundo, con Patri cotilleando sobre chicos y chicas del foodhall, Mette o Christian.

Mi primer turno fue un viernes. Los viernes siempre hubo mucho jaleo. Aquel día trabajamos Frederik, Christian, Albert en cocina y yo. Me dediqué a hacer los pintxos y cometer el mínimo número de errores. Vestí una camisa verde bien bonita que ya no me entra. El nerviosismo y el calor del primer día se transparentaba lo suficiente como para ponerme más nervioso y tener más calor si cabe. El turno fue muy bien y mis compañeros estaban contentos con como lo había hecho. Una pareja de pijos daneses se rieron un poco de mi inoperancia inicial. Idiotas. No se puede tener la piel fina si se trabaja de cara al público. Salvo aquellos bobos, la tarde fue genial e incluso me divertí. En posteriores turnos conocería al resto de compañeros. El turno de mañana-mediodía era más tranquilo. Duraba 5 horas y durante las primeras dos, nadie te molestaba, cosa de agradecer. Los turnos de tarde eran más largos y duros. Los turistas salían de debajo de las piedras en verano. Los viernes y el resto del año, la mayoría de clientes eras daneses.
Trabajar de camarero es la mejor manera para conocer un país. Te das cuenta de si la gente es educada, qué tipo de gente se comporta de cierta manera, qué les gusta, qué no, etc. Gracias a este trabajo mejoré mi danés sobremanera, convirtiéndome en uno de los estudiantes extranjeros de mi hornada que antes se pudo desenvolver en el idioma, si exceptuamos a neerlandeses y alemanes, claro.
Durante el mes de julio tomé clases de danés todos los días por la mañana. Intentaba aplicar lo aprendido, o lo

que creía que me habían enseñado a la mañana, en el turno de tarde del bar. En pocas semanas era capaz de tomar la mayoría de comandas en danés, aunque la cagaba muchas veces. Muchísimas. Me ponía rojo y rompía a sudar cada vez que me equivocaba. Hector, el otro cocinero, me pedía que les hablase directamente en inglés para no perder tiempo. Del mismo modo, yo le pedía que no fumara un porro antes de su turno, para no perder luego el tiempo. Nos llevábamos bien pero no congeniamos tanto como lo hizo con Jorge. Hector es de mi edad por lo que me pareció enriquecedor comprender su visión de la vida en Dinamarca.

Decidió a los 17 años que quería trabajar y tener dinero por lo que empezó en las cocinas desde muy joven. Para mí el bar suponía un par de turnos a la semana, un pequeño trabajo para pagar las facturas. Para Hector era su único trabajo, su mundo. Otra de las suertes de haber trabajado en Tapa fue el conocer a gente tan distinta de los estudiantes de ingeniería a los que estaba acostumbrado. Un polaco loco, un cocinero auto-denominado facha, una pelirroja racista e insoportable, una adorable y simpatiquísima cuarentona con algún que otro problemilla con la cocaína, un camarero antisocial y maniático, un músico quejica, un andaluz viajero, y seguro que me dejo alguno. Con todos ellos compartí barra de bar desde el lado de los fogones.

Dos años después de dejar el bar sigo llevándome con Albert y Patri. Albert era la piedra angular del bar, pues sin él todo se iba a la mierda. Vino a Copenhague para trabajar de cocinero sin que le explotasen como hacen en España. Cuando me dijeron que era catalán y algo indepe me hice cierta imagen de él. Para empezar, me esperaba que hablase con la *a*, esa *a* taan abierta con la que hablan algunos catalanes. Qué gracia me hizo descubrir que tenía acento de

Jaén. Compartimos muchas horas aquel verano ameniza-
das por su buen gusto por la música. Sopa de cabra, Bruce
y la Creedence ponían banda sonora a las albóndigas y pimientos de padrón. Albert me transfirió sus habilidades de
videncia. Desde el fregadero mirábamos al cliente que se
aproximaba a la barra. Yo, raudo y veloz, me acercaba hacia
él intentando no reírme mientras Albert me medio susu-
rraba con acento jiennense: "ese tiene cara de calamares".
Cerraba la predicción con una risa socarrona. "Jeg vil blive
med en gang calamares[12]". Siempre acertaba. Con él aprendí que los chinos que visitan Copenhague viajan en crucero,
vienen todos de golpe y cuando la cocina está a punto de
cerrar. Me fue entrenando es sus artes adivinatorias hasta
que desarrollé la intuición de camarero. En seguida sabes
qué te van a pedir, si van a pagar en *cash*, si son racistas, si
alguna vez han trabajado en un bar, si son unos gorrones
amigos del jefe, si son españoles que huyen de la aventura
de interactuar en inglés, etc.

Mientras compartía con Albert una visión un tanto
pesimista de la condición humana, Patri era todo lo

---

[12] "Pediré una de calamares"

contrario. Éramos el tándem de camareros perfecto. Ella, optimista incorregible, decía gustarle la gente. *Spoiler*, ya se le ha pasado. Por aquel entonces nos dividíamos las tareas en sociales y anti-sociales, quedándome yo con las segundas. Por lo que nos la pasábamos, yo haciendo pintxos como una máquina mientras ella despachaba clientes con la mejor de sus sonrisas. Y es que Patri es muy valiente. Con 22 añitos se vino a trabajar de lo que fuera y sacarse unas coronas en verano. Había leído en internet sobre los altos salarios en Dinamarca. Debió parar ahí y no se enteró de los altos impuestos. *Anyway*, se lo pasó genial, en gran medida gracias al fantástico tiempo que hizo. Imaginad cuánto le gustó que se vino de vuelta al año siguiente, y esta vez de manera definitiva. Su novio Miguel se mudo un tiempo después y se casaron en el *rådhus*[13] durante la pandemia.

Solía ir al trabajo en bici los 12 kilómetros que distaba de Kagså. Al principio volvía por Nørrebrogade, pero tras tantos accidentes por poco evitados con ebrios ciclistas decidí volver por Borups Allé. Mi parte favorita del recorrido era y sigue siendo la zona de los lagos Utterslev Mose, donde apenas hay farolas y los ojos se deben acostumbrar a la oscuridad, salvo a finales de junio donde siempre se intuía luz en el oeste. Una merecida ducha acompañaba la vuelta a casa, mi refugio.

Fue en esas semanas de junio-julio cuando descubrí un canal de historia un tanto atípico. Andoni Garrido estudió periodismo y durante la carrera descubrió que su pasión era la historia. Por tanto, decidió abrir su canal *Pero esto es otra*

---

[13] Ayuntamiento en danés. Literalmente se podría traducir por casa de consejo.

historia donde resume la historia del mundo en divertidos
vídeos a través de mapas, animaciones, memes, películas y
documentales. Hasta aquí nada raro. Lo interesante de su
canal es todo el trabajo de documentación que hay debajo,
y lo curioso es la manera en la que narra la historia. Introduce descripciones del tipo "el rey tal se cabreó porque su
hermano la había tocado mucho los cojones" o "el príncipe
heredero se cayo del caballo y se mató de la hostia". Vamos,
que explica la historia como lo haría uno de Bilbao. Pues
eso, que me vi todos sus vídeos durante el verano en los ratos de soledad. Aunque ya no me quedaba mucho rato solo.

A finales de Junio terminé mi primer curso académico en
Dinamarca. A modo de celebración recibí en mi humilde
palacio a Gonzalo. Somos amigos desde los nueve años y se
le echa de menos. Tan amigos que somos, pareciéramos her-
manos a veces. Al menos discutimos como si lo fuéramos.
Tiene mucha paciencia conmigo, toda la que yo no tengo
con él. Con una sola mirada sabe lo que estoy pensando y
entiende mi humor aunque no tenga gracia.

Cinco eran los meses que llevaba en mi apartamentucho.
Suficientes para que me molestara compartir mi espacio
con alguien más. Me había vuelto amo y señor de esos 19m²
y debía recordar cómo era eso de compartir. Gracias a la
paciencia de Gonzalo todo fue bien. Me sacó la foto trabajando en el bar que tenéis más arriba. Se quedó escribiendo
algo de su tesis del grado en mi casita mientras yo abrí el bar.
Después nos fuimos a patear al ciudad.

Que le dolía el culo decía. Normal. Andamos mucho en
bici en Copenhague y no estaba habituado. Nos dio tiempo a salir de juerga con mis amigos y más de una intentó

besarle en Bremen[14]. Nunca entendí por qué siempre las mujeres preferían a Gonzalo antes que a mí. Siempre tuvo más éxito que yo el cabrón. Es muy simpático y natural, mientras que yo soy más maquiavélico y calculador. Con el paso de los años cada vez nos parecemos más. En el físico, pues yo sigo teniendo un carácter de mierda.

El 17 de julio de 2018 no acudí a la clase matutina de danés. Tras casi una hora de buses, trenes y metros, estaba listo en la segunda terminal del aeropuerto de Kastrup. Mi miopía junto con las ganas de verla llegar, me hacían confundir a la mitad de las mujeres con Gaby. Esa no es, esa tampoco, madre mía, como tarda, pero si ya han salido todos los de su vuelo. ¡Ahí está! Llegó Gaby con sus maletas, con todo su equipaje, con sus únicas pertenencias en el viejo continente. La reconocí por su manera de andar. Me vio y sonrió como

---

[14]Club cerca de la estación de Vesteport.

nerviosa. Nos besamos, un beso mucho más corto de lo que me había imaginado. Ya no volvería a estar solo.

Capítulo IV

La Hormiguita

La vuelta a casa se me hizo corta. Aún no había asumido tener que compartir mi palacio mientras llevaba la maleta más pesada de camino a Kagså. Para Gaby mi casa era la de un fan obseso, pues fotos suyas cubrían un pared entera. Estábamos tan contentos que no pensábamos en los problemas que se nos venían. Le hice un huequito en mi armario, tampoco muy grande pues era mi armario ya pequeño de por si. "¿Para qué has traído esto?" Le pregunté señalando unos cuchillos, utensilios de cocina y trapos viejos. "Borji, ¿no te das cuenta de que esto es TODO lo que tengo?". Claramente no me daba cuenta. Yo contaba con un almacén en Donosti donde mis padres custodian ropa, libros y recuerdos. Al contrario, Gaby no tenía más que lo que contenían aquellas tres maletas. Con 17 años se marchó de Venezuela para estudiar en Donosti. El cambio de clima se le hizo duro, por lo que Dinamarca iba a ser todo un reto. "She must really love you". Las maletas representaban todo lo vivido los últimos 5 años, en una ciudad en la que se sentía como en casa. Dinamarca, en cambio, no es el país más acogedor del mundo y ante todo, es caro.

Vivimos con mi sueldo de camarero por un tiempo. Cobraba unas 10.000 coronas danesas. Lo que viene a ser unos 1350€. El 25 % se nos iba en el alquiler y eso que mi casa es sin duda la más barata cerca de Copenhague. Otro tanto se iba en la comida y con el resto pagábamos el bus y demás. Ir a un restaurante ni se nos pasaba por la cabeza, por lo que algo conseguíamos ahorrar.

No había duda de si queríamos vivir algo más holgados, Gaby debía encontrar un trabajo. Hector me recomendó probar suerte en una coqueta cafetería con terraza en el parque de Rosenborg, en el centro centro de Copenhague. Allá que fuimos. Como nota preventiva, es necesario recordar que Gaby llevaba mucho tiempo sin necesitar comunicarse en inglés. Su inglés estaba algo *rusty* y su enfermiza timidez no le ayudó en su búsqueda de trabajo. Llegamos al café y preguntamos por la *manager*. Nos atendió y preguntó cómo nos podía ayudar y Gaby le soltó sin preliminares ni vaselina: "I want a job". La educada mujer se quedó flipando ante la petición de Gaby que la dejó ojiplática. *Mare de deu...* Vaya manera de pedir un trabajo. Aquella petición sonó a orden, y aún me sigo riendo de aquello. Como podéis imaginar nunca llegó a trabajar en aquella cafetería. No me extrañaría que la *manager* tenga pesadillas de vez en cuando donde la gente le grita "¡dame un trabajo!" por la calle.

Al poco tiempo, con algo más de cintura, tino, suerte y sentido común, consiguió un trabajo de camarera en una cafetería francesa en Torvehallerne, cerca de Nørreport. Mi amiga Solène intercedió favorablemente ante su jefe para contratarla, cosa que ayudó mucho, por cierto. El caso es que tras un mes en Copenhague ambos nos encontrábamos con trabajo y era hora de mudarse.

Los 19 m² se nos habían quedado pequeños hacía mucho, llegando incluso a chocarnos en una ocasión donde ella se llevó un buen golpe, la pobre. Aquello fue la gota que colmó el vaso, pese a que tuvimos otros avisos varios. Además del choque fortuito y el espacio reducido, el apartamentito tenía otros inconvenientes: los vecinos. Teniendo en cuenta que Kagså es de los lugares más económicos "cerca" de Copenhague, algunos de nuestros vecinos eran bastante chungos. En particular, la mujer que vivía al lado estaba llena de tatuajes y nunca saludaba. Hasta ahí nada raro, un alto porcentaje de los daneses entra en el perfil. Ésta, además, era bastante choni, con su perro agresivo y su novio cani con el pelo rapado y pinta de matón. Durante una de las tantas llamadas por skype que mantenía con Gaby anteriores a su llegada, el perro entró en mi habitación por la puerta del jardín. La verdad es que el perro era muy majo y juguetón, y no tenía la culpa de tener esos dueños. Lo saqué como bien pude, no soy un amante de los animales, la impredictibilidad de sus acciones me pone nervioso, por lo que lo agarré del arnés, lo posé sobre el jardín y cerré la puerta. Acto seguido el cani aporreo la puerta acristalada y le abrí con la mejor de mis sonrisas diciéndole que no se preocupase, que no pasa nada, creyendo yo que me venía a pedir perdón. Nada más lejos. Me amenazó. Que había lanzado a su perro al suelo y que nunca en mi vida lo volviera tocar o me iba a "fuck me off". Que tío más desagradable. Para más inri, nos lo encontrábamos a menudo en la puerta fumándose un peta que olía a hash que mataba, sin camiseta y mirándonos desafiante. Incomodísimo. Tampoco me apetecía encontrarme a la loca de arriba, una griega que le molestaba el ruido de mi ducha y me dejó una nota reprochándomelo.

Por todo esto y alguna razón más, cambiamos de casa más felices que las perdices. Seguíamos en Kagså pero esta vez contaríamos unos 60 m² y un pequeño jardín propio. No sabíamos ni que hacer con tanto espacio. Al poco de establecernos, invitamos a cenar a Jon y Asier, quien también había venido a vivir a Kagså recientemente. "La hormiguita. Eh, Borja. ¡Joder! Este como la hormiguita, poco a poco". El esfuerzo y el ahorro dieron sus frutos y pude pagar el depósito de la casa sin pedir ayuda. Desde entonces para Jon yo era la hormiguita que trabaja y trabaja y va prosperando paulatinamente. Tenía razón, honor otorgado que nombra este capítulo.

Aquella mudanza fue poco traumática. La mayoría de cosas las moví en la cesta de mi bici, que era en realidad una caja de plástico de Arla de cartones de leche que le daba un toque *hipster*. Estéticamente horrible. Los muebles y las cosas de peso las llevamos en una carreta que nos dejo el conserje de la residencia quien me cogió bastante cariño aquel verano. La residencia se había quedado casi vacía. Y yo, que esperaba la llegada de mi amada, sería de los pocos que le hacían algún caso. Una vez me ayudó a apretar las tuercas de mi cama de Ikea con una buena llave Allen de las que tenía él. Vio mi guitarra y me pidió que le tocara un poco. Ahí estuvimos, mano a mano, Allan y yo en el suelo de mi habitación, tocando o intentando tocar algo parecido a Entre dos aguas de Paco de Lucía. Una vez se metió en nuestro jardín con su mini-tractor para avisarnos que habían dejado una mesa en la basura de muebles y que tenía muy buena pinta. Nos puso también una vitro nueva con su consiguiente horno nuevo al saber que nos mudábamos allí.

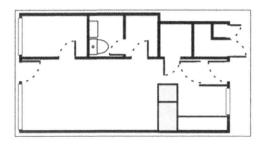

Con esto de que los pisos hay que dejarlos completamente vacíos, pronto conseguimos muebles de otros vecinos como una estantería kallax de Ikea de 1.5x1.5, un sofá cama de más de dos metros o una preciosa cómoda de madera. La cocina era decente, espaciosa y pronto le compramos el microondas que le faltaba. Dijimos adiós al café instantáneo para comprar una *mocca* Bialetti para empezar las mañanas. Sentía que una nueva etapa comenzaba, más estable y tranquila, con nuevos hábitos y algunos viejos. Muy estable, y ciertamente, demasiado tranquila. Nos volvimos vagos, en una palabra. Ambos trabajábamos en el centro, durante largos turnos que nos agotaban y no dejaban aprovechar "el centro", pues volvíamos a casa a descansar. Por tanto, nos volvimos algo huraños y nuestra actividad social bajó de manera considerable. No es que no nos gustara estar con los amigos y amigas, si no que las distancias, el frío, el viento y la lluvia ayudaban a la pereza a sucumbir nuestras ganas. Además de eso, no en pocas ocasiones nos mirábamos la una al otro, el una a la otra, y decíamos al unísono: "qué bien estamos solos, tú y yo". La verdad es que estuvimos muy a gusto en aquella casa, nuestra primera casa.

¡Atención! Vuelve la turra. Esta vez algo más corta. Si no, ya sabe, adelántese tres páginas.

Entre los nuevos hábitos habría que destacar la lectura y el ahorro. Y es que seguí leyendo sobre vascoiberismo y la lingüística comparada. Antes de que el lector se ponga a sudar ante los temas que aquí planteo, déjeme tan solo mencionar una clarividente conferencia impartida en el Museo San Telmo en la parte vieja de Donosti: *Atapuerca y el ADN de la población vasca* por Eneko Iriarte.

Esta conferencia fue un punto y aparte en mis sentimientos nacionalistas y removió, destruyó la parta más racista de aquella mi ideología. Pues yo creía, al igual que muchos hoy en día, que los vascos como raza somos especiales, que llevamos toda la vida en Euskal Herria, que somos hijos de Túbal. Esta conferencia me abrió los ojos, ojos que por otra parte que ya guiñaban curándose poco a poco de la ceguera nacionalista. ¿Y qué se explica en esta charla? La idea principal, si no recuerdo mal, es que los habitantes de la península ibérica y al sur de Francia tenemos casi el mismo ADN. La homogeneidad genética del la península es muy alta. Lo interesante del grupo étnico de "los vascos" es el aislamiento de los últimos 3.000 años. Es decir, mientras que en otras partes de la península hubo una mezcla con los llegados del norte de África, griegos, romanos y demás conquistadores, los vascos no nos mezclamos.

Hace unos 40-50.000 años desaparecieron los Neardentales. Curiosamente, la península ibérica fue su último reducto. No está claro si a la vez o algo más tarde, lo homo sapiens llegaron hasta el confín oeste de Europa hará 40.000

años. Hemos de pensar que la última glaciación terminó hace 10.000 años, por lo que yo fantaseo con que el euskera y su familia lingüística se desarrollara durante un periodo de aislamiento debido a la glaciación al norte de los Pirineos. Una vez acabada esta época denominada científicamente como *hace un frío del carajo*, los habitantes de la península fueron migrando hacia el norte. De hecho, hay cierto haplogrupo que comparten las gentes de las islas británicas y los vascos. Según la mitología irlandesa, ciertos reyes iberos viajaron a la isla al principio de los tiempos. Y el libro sobre toponimia que arriba menciono sugiere que ciertos topónimos en Alemania tiene origen euskérico. De hecho, se denomina esta expansión cultural como *Bell Beaker Culture* que tuvo lugar hace 5.000 años.

Se conoce que hubo una cultura muy potente en la zona atlántica del sur de la península conocida como Tartesos. Hay muchos que relacionan la ciudad descrita por Platón en su diálogo *Critias*, la Atlántida, con una ciudad perdida y enterrada bajo el parque de Doñana. Otros la asocian directamente con Gadir, la actual Cadiz. A mi me convencen, ambas localizaciones se encuentran pasando las columnas de Hércules, antiguo nombre del estrecho de Gibraltar. Además y por si fuera poco, en la Biblia se nombra a un pueblo como Tarsis en la parte occidental del Mediterráneo. Para más inri, at-land-is en euskera se podría traducir como at=kanpo=fuera, land=tierra y is=agua, tierra fuera en el agua. Oro parece plata no es. El origen de *landa* parece latino por lo que no podemos traducir atlantis con el euskera.

El mundo de Tartesos sigue siendo un misterio. Seguramente comerciaron con fenicios gracias a su minería en el valle del río Tinto, denominado Urbero ("agua caliente") en aquel entonces. Se han hallado anclas de piedra que demuestran que navegaban antes de la edad de hierro. Por tanto, podemos estar hablando de más de 4.000 años de antigüedad. Este pueblo escribía en un alfabeto que puede ser vinculado al fenicio, que proviene a su vez de los jeroglíficos egipcios. Su idioma no ha sido descifrado aún y no parece que se estén llevando a cabo proyectos importantes en este aspecto. La lógica nos dice que sus lengua o lenguas debieron ser de la familia del euskera y del ibero. Durante mucho tiempo se ha sostenido que los iberos y tartesos tienen un origen africano. Sin embargo, el orgien africano de dichos pueblos es el mismo que de los escandinavos, es decir, todos salimos de África hace unos 65.000 años. Pese a la proximidad geográfica, el estrecho de Gibraltar es realmente un océano respecto a la genética de los habitantes de cada lado. Por tanto, el origen etno-lingüístico de la península ibérica y sur de Francia es el mismo y los restos lingüísticos han sido custodiados por los hablantes euskera, cual templarios protegiendo el grial.

Unamuno se refirió a esta mi lengua de este modo "¿Y el vascuence? ¡Hermoso monumento de estudio! ¡Venerable reliquia! ¡Noble ejecutoria! Enterrémosle santamente, con dignos funerales, embalsamado en ciencia; leguemos a los estudios tan interesante reliquia." No le faltaba razón, es una reliquia, un tesoro, patrimonio de todos su hablantes, de todos los ibéricos y de todos los europeos. Qué lástima me dan aquellos que lo odian, lo desdeñan y no lo toleran. Sus tátara-tátara-abuelos lo hablaron, o algún idioma de su familia. Y qué decir del castellano. El latín es su padre y el euskera es su madre.

Disculpe el lector por estos últimos párrafos de pseudolingüítica-historia conspiranoica de palo, pero es que me emociona.

Para noticias emocionantes las de Gaby aquel final de verano al saber que había sido aceptada en el máster de Ingeniería Biomédica de DTU. Su nueva vida danesa iba cogiendo forma, por lo que yo vivía más tranquilo. Las horas tras la barra del bar dieron sus frutos y pudimos ahorrar un poquito. Lo justo para sentirnos los reyes del mambo cuando pasamos una semana en Cracovia. Preciosa ciudad, buena comida y sobre todo barata. Más aún cuando vienes de Copenhague, que todo es puto caro. Convertíamos los *slotis* a euros y repetíamos la operación un par de veces creyendo habernos equivocado. ¿Pero como es tan barato? Aquel fue el principio del fin, el final de mi cuerpo joven y flaco, el inicio de uno "fofisano" al que en vez de dos, le empezaron a sobrar 5, 6 o 7 kilos.

A la vuelta del viaje durante la semana de la patata[1] en Dinamarca, afronté los últimos exámenes de mi vida académica. Uno de ellos fue *Advanced Fluid Mechanics* que no resultó ser tan avanzado. Tomé aquella asignatura con mi amigo Lorenzo y nos solíamos sentar junto con Arnar, islandés con el compartí varias clases. Para esa altura del máster Lorenzo y yo teníamos mucha confianza, éramos cómplices. Igual que lo eres tú, lector, lectora o lectore, ya que has llegado hasta aquí. Te has zampado unas 50 páginas sobre mis pajas mentales así que te mereces un regalito. Ahí va, espero que te guste.

---

[1] La *kartoffel uge* es la tercera semana de octubre conocida con ese sobrenombre puesto que los niños eran dados vacaciones para ayudar a sus padres a plantar patatas en el campo. Toma trabajo infantil.

De vez en cuando Lorenzo me recordaba está anécdota, este descalabro social, esta situación, la más vergonzosa de vida. Resulta que el semestre anterior tomé *Advanced Power Plants* donde éramos como unos 40 tíos y 5 mujeres. Típica proporción en la ingeniería mecánica. Lo que no es tan habitual es que tuviera la suerte de formar grupo con tres de las 5: Aurianne, Lisa y Virginia. Para más fortuna son unas chicas muy majas y guapas, aunque Virginia está como una puta cabra. Hicimos unos trabajos espléndidos y presentamos el proyecto final en una competición sobre energía sostenible.

En una de estas ocasiones en las que preparábamos un trabajo, sería por abril, quedamos en la biblioteca de CBS. CBS es la uni de business de Copenhague y todo el mundo viste muy pijo, casi que no te dejan entrar si no tienes un mac. Como nota previa a la vez que más vergüenza he pasado en mi vida, debo explicar el estado de mi móvil. Un xiaomi Mi 4 que me encantaba porque era pequeñito, no como los de ahora, y sacaba unas fotazas. Resulta que no le gustaba el frío, razón por la que se me apagaba todo el rato en invierno cuando la batería estaba por debajo del 40 %. Llegó un punto en el que se volvió independiente y hacía lo que le daba la gana como apagarse y encenderse, abrir la aplicación del tiempo sin que se lo pida nadie, etc. Dicho esto, volvamos a la reunión en CBS.

El hecho es que, recordemos, Gaby no había llegado aún a Dinamarca, y como todos sabemos, la soledad es muy mala. Por lo que fuera, antes de atender la reunión, yo me había dado un poco de amor propio en casa. Me duché después, ojo, que yo soy muy limpio. Tras este acontecimiento usé el móvil para poner la ruta en maps, hablar por whatsapp y demás. Vamos que lo usé. Total, estábamos en una sala encima de la cantina donde la gente se reune a realizar trabajos en grupo y llevábamos un buen rato currando. De repente, empiezo a oír un gemido. Primero lejano, después más cercano y frecuente. "¿Oís eso?". Mis compañeras no entendían. Yo tampoco. Acto seguido el espíritu santo entró en mí y me di cuenta de que aquel sonido venía de mi bolsillo. ¡Hostia! Apresurado, nervioso, avergonzado y rojo perdido intenté pararlo. Mi móvil, en uno de sus brotes neuróticos, no me hacía caso. Lo más que conseguí fue subir el volumen. Finalmente, una eternidad después, que debieron ser dos segundos, conseguí parar el puto vídeo de la gritona esa. ¿Que acaba de suceder? No me lo creo. Levanto la mirada y mis compañeras miran hacia otro lado. Me late el corazón a 160 por minuto y no se me ocurre otra cosa que decir que "alguien se ha debido meter en mi móvil a través del wifi". Terrible excusa. No les iba a decir qué me había hecho hacía dos horas y que mi móvil es capaz de hacerme tal jodienda como abrir una carpeta y reproducir un vídeo. Miro alrededor, todo el mundo parece ajeno al suceso acaecido. La relación con mis compañeras paso a otro estadio, inferior, por supuesto. Aquel momento tan tenso se convirtió pronto en chascarrillo que airearon a los cuatro vientos. De hecho, a Lorenzo se lo contó Virginia. Aún nos seguimos riendo.

Acabamos el año volviendo a nuestras sendas casas, Gaby a Caracas y yo a Donosti. Habíamos superado el primer examen de convivencia en pareja y el invierno acechaba. Por tanto, dejamos atrás sin ninguna pena la nieve y el frío por el verano en Sudamérica. Gaby en Venezuela y yo en Argentina. El último viaje los cuatro: Ane, la Ama, el Aita y yo.

En mis últimas largas vacaciones navideñas estudiantiles tuve la suerte viajar a uno de los lugares más bellos del mundo, Argentina. Apenas saludé a algunos amigos en Donosti, nos fuimos a Madrid para volar a Buenos Aires. Ahora me arrepiento de no haber escrito un diario de viaje para poder rememorar con más detalle aquellos maravillosos veinte días. Tras pasar unos días en Buenos Aires nos dirigimos a Patagonia donde visitamos El Calafate, Ushuaia, Punta Arenas, Puerto Natales, Bariloche, El Perito Moreno, Paine y un crucero expedición al sur de la Patagonia con el que pisamos el cabo de Hornos. Cambiamos el frío de la Patagonia por el clima tropical de Iguazú donde celebramos el año nuevo antes de regresar a Buenos Aires para despedirnos de Argentina. Sin duda alguna el mejor viaje que he hecho nunca.

Paseando por Buenos Aires me sentía en Madrid, no se hacía extraño. Aprovechamos cada viaje en taxi para tirar de la lengua al conductor y que despotricase contra todos y cada unos de los presidentes de la República Argentina. En esa época Macri estaba en el poder y la inflación empezaba a hacer estragos. Curiosa cosa esta de la inflación, ¿por qué pasa en Argentina? La respuesta de mi padre, "porque Argentina es un desastre". Por aquel entonces me conformaba con esa explicación. Por suerte, mi curiosidad me hizo profundizar al tiempo para entender el porqué de estos fenómenos monetarios. Los gobiernos Argentinos no han parado de imprimir moneda desde hace décadas empobreciendo a la misma población que los vuelve a votar. El banco central Argentino ha destrozado la moneda del país que hace no tanto era una de las mejores economías del mundo. A finales del siglo XIX el PIB per capita era superior al de Estados Unidos. Las décadas posteriores trajeron consigo hordas de inmigrantes españoles, italianos en su mayoría atraídos por su economía boyante y perspectivas de un futuro mejor. ¿Quién lo diría? En 1935 la Ley de Bancos promulgó la creación del Banco Central de la República de Argentina. En la década posterior el tumor del peronismo brotó con síntomas de estatismo proteccionista antiliberal. La metástasis resultó en que todos los partidos son hoy en día peronistas y han llevado a Argentina a corralitos, inflación y hambre. Buenos Aires respira ese recuerdo de grandeza, de cafés, de edificios, de cultura, que ojalá nunca pierda. Esperemos que algún día los argentinos despierten de la pesadilla antiliberal y populista. Hay esperanza, pues países como Estonia o Eslovenia nos muestran que es posible salir de la pobreza y superar a España o Italia en renta en menos de 30 años partiendo del horror soviético.

Más allá de los desvaríos político-económicos de la Argentina, pasamos los cuatro mucho tiempo juntos aquellas tres semanas. El que sin duda ha sido el viaje más maravilloso de mi vida. Uno se va dando cuenta de que los padres han asumido que su hijo vuela solo, y desde hace tiempo además. Trabaja en un bar, hecho que nunca imaginaron. Mi madre incluso me ofreció dinero para que no tuviera que sudar tras la barra, cuando lo que yo buscaba era valerme por mi mismo, sin ayudas.

Desde agosto también trabajo como *teaching assistant* (ayudante de profesor) en la asignatura de Transferencia de Calor para estudiantes de grado con el profesor Rokni. Fui raudo y veloz en responder a su oferta de trabajo y aprovechando que me encontraba en DTU por las clases de danés, me planté en su oficina para una entrevista exprés. Ocho horas semanales que complementaron mi sueldo. Mi compañero se llamaba Hitesh y era pakistaní. Hitesh y yo nos dedicábamos a resolver problemas y guiar a los alumnos. Fue una experiencia muy grata, salvo por algún alumno mal-educado que acabó con mi paciencia. Fue uno en particular quién me puso a prueba. A mediados de semestre le dejé muy claro que yo no era su esclavo. Que me hablase con educación o no le iba a responder a ninguna de sus dudas. Siguió hablándome con desdén por lo que dejé de prestarle atención.

Una tarde el profesor no llegó y tuvimos que dar la clase nosotros. Para salir del paso resolvimos problemas de la lección del día. Más tarde supimos que le había dado un ictus, pero pronto se recuperó completamente.

Terminamos el año en Iguazú, celebrando el año nuevo con una familia argentina con la que compartimos mesa y nos contaron como Macri los estaba reventando a impuestos. Y volvimos a Donosti, con muchos sitios visitados, con algunos kilos de más, con cansancio, con la certeza de que acabábamos de terminar un viaje fantástico, con la sensación de que quizá fuera este el último de los cuatro juntos.

Capítulo V

El *BOOM* de los *PODCASTS*

La manera cómo se presentan las cosas no es la
manera como son; y si las cosas fueran como
se presentan la ciencia entera sobraría.

Karl Marx

En 2022 nos compramos una tele. 55 pulgadas. No sabíamos que tan grande era hasta recibirla en casa. Tras meses de Gaby implantando la idea de tener una tele en la cabeza, cedí. Durante los cinco años anteriores solo vi la tele cuando estaba de visita en casa de los Aitas. El portátil hacía las veces de televisor para ver series o películas. En realidad, siempre he sido más de radio. Y es así como uso Youtube, como una radio que emite sonido y de vez en cuando se apoya en imágenes. Podría haber usado Spotify pero nunca le llegue a pillar el gusto. Albert me recomendó Ivoox donde él escucha *podcast* de historia. Sin embargo seguí prefiriendo mi youtube.

En el verano del 18, además de conferencias y canales divulgativos, eché mis buenas horas escuchando otros programas. Programas de radio que se graban con cámara. Aquel verano fue el boom de los podcast. Alguno de ellos incluso sigue emitiendose a día de hoy. Aquellos meses de soledad de junio y julio tuve un cierto ataque de FOMO. Bien pudiera ser una enfermedad que acecha a muchos jóvenes y no tan jóvenes en las redes sociales. FOMO, *fear of missing out*, es el miedo a perderse algo. En este caso, en mi caso, no me perdía un capítulo de mis *podcast* favoritos.

Estimado lector. Aquí viene otro aviso. Las cuatro páginas que siguen son una invitación a entenderme. Toma el móvil y ten Youtube abierto. Busca los programas que voy enumerando. Deja de leer. Escúchate alguno, entiéndeme.

Se podría decir sin temor a equivocarse que la Cadena SER ingresaba un dinerillo de YT por todas las visualizaciones que yo les hacía. Por las mañanas solía escuchar la voz de Iñaki bien temprano. Todos los días a las ocho de la tarde tenía disponible el programa diario de La Vida Moderna. Tampoco me perdía el programa semanal de Comedia Perpetua, ahora conocido como Phi Beta Lambda y conducido por Antonio Castelo, Iggy Rubín y Miguel Campos. Analizaban monólogos, introducían monologuistas de Estados Unidos sobre todo, entrevistaban a algún comediante español y también grababan monólogos en Malasaña. Al segundo año la SER les dio la patada y se fueron a un estudio propio con cámaras automáticas para seguir grabando su podcast.

> El feminismo es una protesta valerosa de todo
> un sexo contra la positiva disminución de su
> personalidad.
>
> Clara Campoamor

Siguiendo con la SER, todos los domingo Broncano, a quien ya había visto/escuchado 4 días a la semana, tenía su sección en la Vivir que son dos días de del Pino: Las Preguntas de Broncano. El tío se daba una vuelta por la Gran Vía y preguntaba sobre el tema que del Pino le propusiese. Estaba gracioso hasta que se hizo tan popular que no podía dar un paso sin que le pidieran hacerse una foto. Durante el verano las radios sacan programas de relleno, con fecha de caducidad. Por ejemplo, Las Chicas, un programa dirigido por mujeres sobre feminismo en el que te enseñan a ser un buen *aliade*. Cada programa llevaban a un *señoro* famoso de invitado y lo acosaban un poquillo, en tono de humor. Por algún motivo de culpa católica yo sentía que debía ver esos programas para ser mejor persona, más feminista aún si cupiera, para ser un buen aliado. Hoy en día no me interesan tanto estos temas. Siento que la radicalización de cierta parte del feminismo ha despertado a su contraparte en el lado más conservador del espectro. La polarización nunca lleva a nada bueno.

Otro de esos programas veraniegos de la SER que tuvo más dicha y sigue hasta nuestros días es Buenismo Bien. Cultura *Woke* al cuadrado. Me llamó la atención que los presentadores fueran Burque y Kike Peinado, que hacían entonces el programa de TV, Radio Gaga, con el que tanto había llorado y disfrutado. En Buenismo Bien, repasaban la actualidad con un toque de humor y hacia el final del programa llevaban a una pareja de invitados. Esto era lo más interesante pues siempre eran dos personas de distinto signo ideológico como Maestre y Marhuenda, por ejemplo. No les llevaban para charlar de política, ni mucho menos, el objetivo era que resaltasen cosas que tienen en común y demostrar que a pesar de las desavenencias políticas se llevaban bien. Esa era la idea inicial de programa aunque pronto fue olvidada. Y solo quedó ideología, totalmente infantil y superficial de que buenos somos todos y que malos son ellos. Una bazofia. Como exponente máximo de este, Enar Alvarez tenía su propia sección de yo, os voy a explicar, señoros, de que va esto del feminismo. Que pena que se haya convertido en una de las voceras del feminismo en España una persona tan basta de poco nivel. En fin, es lo que hay. Me lo pasaba bastante bien escuchándoles en mi apartamento de Kagså, y no me perdía uno.

En la primavera de 2019 Jorge Ponce y Bob Pop se pusieron a grabar su propio podcast llamado Si Sí, Si No. Un podcast semanal de unos 45 minutos en el que despachaban varios temas y los criticaban a cuchillo y sin piedad ni misericordia. Desde que Jorge Ponce volviera a salir en televisión con la Resistencia, me hace mucha gracia su estilo socarrón e irónico. Antes no, cuando salía con Buenafuente en la Sexta. Bob Pop es crítico de televisión y no da puntada sin hilo. En 2018 anunció que padecía esclerosis múltiple y al poco tiempo dejó de colaborar en Late Motiv. Terminando con la SER, tampoco me perdía un programa de La Lengua Moderna con Quequé y Valeria Ros. Qué graciosa es Valeria.

La comedia es lo más similar que hay al amor.

Ignatius Farray

A la vuelta de Argentina seguí con este ritmo al que había que añadirle la Resistencia y Late Motiv. Fue en el primer trimestre de 2019 cuando Castelo compró el estudio para grabar sus podcast de phi beta lambda. Para amortizarlo, amigos suyos también grababan podcasts utilizando el mismo estudio en un poligono industrial cambiando el fondo. Uno de estos es el bueno de Miguel Iribar que grababa, y sigue grabando el podcast *Cambiando de Tercio*. Juego de palabras con los tercios que se toman durante el programa. Miguel es cómico y conoce a todo el mundillo, por lo que se montó el programa llevando a amigos a charlar un rato sobre el *stand-up* y la comedia en general. En la primera temporada llevó a muchos conocidos como Ignatius, Quequé, Rober Bodegas, Ernesto Sevilla, Dani Mateo, Edu Galán, Valeria, Vaquero y Danni Boy Rivera.

"¿Tú eres más de beber, follar o tener la razón?", así comenzaba sus entrevistas. Miguel es un tipo majete y al ser charlas entre amigos nadie intenta agradar en exceso y la mayoría de invitados eran bastante interesantes. . En cuanto me gozaba un buen programa se lo mandaba a Jorge con quien tras suplirle en tapa en verano, nos tocó currar juntos alguna vez.

Al mismo tiempo que Miguel Iribar sacó Cambiando de Tercio, Ricardo Moya, conocido en su casa a la hora de comer, comenzó a grabar el Sentido de la Birra. Siendo este un calco del formato del anterior. En este caso el escenario era casi siempre "El Medi", el bar Mediterráneo de Barcelona y el concepto era ser entrevistado mientras bebes unas birras por lo que la entrevista tomaba temperatura a medida que se reponían las cañas. Por aquel entonces yo era de Cambiando de Tercio mientras Jorge prefería el Sentido de la birra. A mi me parecía un plagio y Carlos Moya un tío demasiado complaciente con el entrevistado, blandito. La verdad es que el *Sentido de la birra* empezó en octubre de

2018 mientras que el programa de Iribar no comenzó hasta febrero de 2019, por tanto no parece que el plagio viniera de parte de Ricardo. Ricardo, que por cierto, hoy en día mucha gente conoce su nombre, pero en aquel entonces ni siquiera los entrevistados lo sabían y se lo preguntaban durante la entrevista. De hecho, hastiado, cambió el nombre al canal que pasó a llamarse El Sentido De La Birra con Ricardo Moya.

Para más inri, al principio muchos invitados fueron a ambos podcast, y es que la comedia también es tema predilecto de Moya quien combina la música y la comedia en sus actiuaciones. A día de hoy el *Sentido de la Birra* cuenta con más de 300 entrevistas y más de 150 mil suscriptores. Al contrario, Miguel se cansó, es que es tirando a vaguete, y ha grabado alrededor de 70 programas. El canal en el que los difunden se llama Phi Beta Lambda Podcast y tiene menos de 50 mil suscriptores a pesar de contener más de diez podcast distintos. Está claro quién acertó con el formato. Y es que Ricardo comenzó llevando cómicos y siguió con cantantes, actores, presentadores, escritores y periodistas. Es muy buen conversador y su programa ha ganado mucho prestigio. Al tiempo me fue ganando y hoy en día admito que su podcast siempre fue mejor. Que siga muchos años más.

Y hasta aquí el anexo de podcasts. ¿Me entiendes algo mejor ahora? ¿Te has molestado en buscar alguno? ¿Tú también escuchas podcasts? Silencio. Seguimos.

Antes de las vacaciones de navidad ya había apalabrado una posible tesis con la que cerrar mi máster en Ingeniería Mecánica. Henrik también tomó *Advanced CFD* con el profesor genio/loco Jens Walther, por lo que decidí contactarle para ver si tenía algún proyecto interesante relacionado con su doctorado. Henrik me propuso estudiar el efecto de la rugosidad en propulsores de barco que llevan cierto tiempo en funcionamiento. Siempre me han interesado los barcos más que los coches. Sin embargo, nadie en mi familia navega, por lo que los cruceros por el Nilo y la Patagonia eran mis experiencias marítimas más importantes. Vamos, que no tengo ni puta idea de barcos. Aún así, la idea me pareció interesante. Al poco tiempo me llamó Henrik para contarme que un amigo suyo había diseñado un propulsor nuevo y que podíamos usarlo para el estudio en vez de tomar uno convencional. Yo encantado.

Este amigo se llama Morten y trabajaba para OSK-Ship Tech como arquitecto naval y a su vez tenía su propia empresa compuesta por el mismo y dos amigos. Morten había diseñado un nuevo propulsor para yates y estaba a punto de realizar un *full-scale test* con el que demostrar que funciona. Un tiempo atrás había realizado un *model-scale test* en el banco de pruebas de FORCE Technology y mi primera tarea sería replicar estos resultados con mi modelo de CFD.

La primera vez que conocí a Morten me pareció algo más mayor de lo que es. Tras conocerle más a fondo entendí que la dedicación a su propia empresa además de su trabajo principal se estaba llevando años de su vida. Su entusiasmo era contagioso y siempre fue muy generoso conmigo. A su vez, él tuvo mucha suerte pues le hice el trabajo de tres tesis en una.

> Todas las cosas suceden por necesidad, porque
> la causa del nacimiento de todo es el remolino
> de los átomos.
>
> Demócrito

De la profunda intuición sobre la turbulencia de un presocrático (aunque fue contemporáneo a Sócrates) a la deducción matemática de Navier y Stokes más de dos mil años después. Mis amigos Claude-Louis Navier y Sir George Gabriel Stokes generalizaron el trabajo de Leonhard Euler en el siglo XIX. Gracias a ellos hoy tengo un trabajo.

Comencé la tesis a finales de enero y tenía seis meses para entregarla. Yo estaba encantado de la vida. Trabajaba los fines de semana en el bar y el resto del tiempo lo dedicaba a la tesis. Al mismo tiempo que yo terminaba el máster, Gaby recién lo había empezado. Gracias a ello pudo por fin hacerse su grupo de amigues de la uni y no depender tanto de mí ni de las compañeras de la cafetería en la que trabajaba, que estaban en un punto vital bastante distinto. Por tanto, me encontraba con total libertad para distribuirme el tiempo como yo quisiese. Es decir, fatal. Pasé los primeros meses escribiendo la tesis desde casa, desde el sofá. Al tiempo entendí que era mejor ir a la uni y encontrar una rutina de trabajo. La mayoría del tiempo lo pasé en una sala dedicada a escribir tesis sea de grado o de máster. A mi lado se sentaba el bueno de Lorenzo, quien también escribió su tesina en CFD y con Jens como *supervisor*.

Tengo muy buen recuerdo de aquella época de total libertad en la que todos los días tenía mi ración de podcast, resistencia, late motiv, NTMEP, la vida moderna, canales de historia, ciencia... Por suerte aprendí desde bastante pequeño a concentrarme con música e incluso con programas de radio. Bien es cierto que más de una vez molesté a los de la sala, principalmente Lorenzo, con mi risa por la tonterías de Broncano.

Probablemente 2019 fue el año que más intensamente usé YT. Le daba a todo. Además de los podcast que he mencionado antes, no me perdía ningún vídeo de divulgación científica de Date un Vlog (Instituto de Física Teórica), Derivando, Date un Voltio, Quntum Fracture, Orbita Laika o la Gata de Schrodinger. Sobre historia le daba a Pero esto es otra historia, Una historia de Vasconia y las conferencias de la Fundación Juan March. Sobre política me hacía las delicias con NTMEP, En la frontera con Monedero, Otra vuelta de tuerka con Pablo Iglesias, entrevistas por el Eldiario.es, FAQS y Quatre Gats de TV3, o el monólogo de Alsina en Onda Cero.

En contraposición con todo lo que aprendí en esa época, hay que mencionar la poca actividad física que llevé a cabo pues la tesis me absorbió completamente. Algún kilo de más que traje de Argentina vino para quedarse gracias a mi rutina sedentaria. Junto con las horas sentado en una silla, me solía doler la espalda cuando me encorvaba ligeramente para hacer pintxos en el bar. Fue entonces cuando Alfonso empezó a trabajar en tapa del toro para sustituir a Hector, Javi el breve y al polaco loco de cuyo nombre no quiero acordarme. A este último nunca llegaron a hacerle contrato y no daba más que problemas pues bebía mucho durante los turnos y era muy conflictivo. Además estaba como una puta cabra. Vamos que estábamos encantados de tener un poco de normalidad, y esta llegó con Alfonso. Malagueño con medio siglo a la espalda, viajero y alma libre con novias en cada puerto y una hija en edad universitaria en España. Teníamos muchos gustos comunes por lo que los turnos juntos eran una gozada al poder charlar de política, historia y demás. Para el dolor de espalda me recomendó hacer Yoga. Gaby llevaba mucho tiempo insistiendo para comprarnos unos *yogamats* y practicar yoga juntos. Yo lo mezclaba con pilates o aeróbic, pero resulta que no. La convicción con la que Alfonso me lo vendía me animó a probar y es así como llegué a los canales de yoga Ekhart Yoga, Yoga with Adriene o Boho Beautiful. Con un poco de constancia y perseverancia logré una flexibilidad no recordada y me sentía mejor. ¿Quién lo iba a decir?

Durante esos meses intimé algo más con Morten, que resultó ser una maravillosa persona. Casado con una cubana, Eli, tienen un hijo de 5 años, Emil, que es rubito con los rizos de su madre y color de piel café con leche muy curioso. Me apoyó mucho en los momentos de la tesis en las que parecía que no llegábamos a ninguna parte. Agotadas las ideas, Henrik me sugirió escanear el propulsor que había sido fresado en aluminio y compararlo con el CAD[1] en 3D que usaba para mis simulaciones. Resultó ser exactamente la misma geometría, tal y como Morten esperaba. Yo, sin embaro, estaba deseando que fuera distinta y ese fuera el

---

[1]Computer Aided Design. Diseño por ordenador.

origen de todas las discrepancias entre mis resultados y los del test en el tanque de FORCE[2].

Teniendo el propulsor en mis manos fui consciente de las dimensiones de cada pala. Apenas 3cm de palas muy finas. Entonces se me ocurrió la pregunta fatídica: ¿y si las palas se flexionaron durante los test por no ser suficientemente rígidas? Aquella hipótesis fue la clave para el éxito de mi tesis y demostrarla con mi modelo de CFD me hizo dormir muy bien tras meses de intranquilidad y miedo al fracaso.

No obstante, el pan y el vino son productos culturales importantes, realmente expresan la vitalidad del Ser Humano. Representan un conocimiento cultural, que es el fruto de la atención, la paciencia, la industria, la devoción y la laboriosa instrumentación.

Carl Jung

---

[2]FORCE Technology es una consultora técnica importante en Dinamarca.

Fue en abril de aquel año cuando busque en YT como hacer pan por primera vez. Me aficioné a hacer mi propio pan, actividad que me relaja muchísimo. Es también una manera de asegurarte de que te va a gustar el pan que comes en el país del pan de centeno. Estábamos un tanto cansados del *rugbrød* y una vez que te acostumbras a desayunar tu propia hogaza de pan, es difícil volver al pan de molde del super. Imaginadme haciendo mi masa de pan, mientras escucho un *podcast*, feliz, ensimismado en mi tarea.

La corrección política es totalitarismo moderno.

Slavoj Žižek

En una de esas escuche un debate muy interesante entra Slavoj Žižek y Jordan Peterson. Žižek es un filósofo hegeliano de izquierdas algo comunista que suda, tiene dos mil ticks distintos y usa siempre las mismas muletillas en su inglés con acento esloveno. Pese a todo lo anterior, es tremendamente inteligente y carismático a la par de divertido y provocador. En la otra esquina del ring se encontraba Jordan Peterson, con su traje, chaleco y barba que le daban gran solemnidad unido ello a su falta de sentido del humor. Nunca le he visto sonreír. Peterson es psicólogo, canadiense y profesor en la universidad de Toronto, o era mejor dicho pues dimitió por la ideologización total de la universidad. Jordan Peterson se hizo muy famoso por sus clases colgadas en youtube, sus libros de reglas para la vida y los debates sobre feminismo e identidad de genero. Y es que daba la sensación que Jordan es un cruzado contra el feminismo y la comunidad LGTBI+ más radical.

Por aquel entonces no tenía ninguna simpatía por Peterson, me parecía un amargado de derechas de hecho. Vamos,

que escuché el debate entre los dos con todas mis apuestas sobre Žižek como ganador. Y eso que jugaba fuera de casa, pues tuvo lugar en el Meridan Hall de Toronto ante 3000 espectadores. Y menuda expectación. Increíble que un debate filosófico pueda congregar a tanta gente. Os animo a buscarlo en YT. El tema era la felicidad y su relación con el capitalismo y el comunismo. Peterson lo tenía mejor preparado pero se olvidó de escuchar, rebatir y debatir, mientras que Žižek se había leído la obra de Peterson y le debatía lo que acaba de pronunciar. El carisma hizo el resto y Žižek se saldo como ganador del debate. Debate que marcará una época, como el de Foucault y Chomsky, también disponible en YT por cierto.

La naturaleza no hace nada en vano.

Las ciencias tienen las raíces amargas, pero muy dulces los frutos.

Aristóteles

Mi querido Jon me puso el sobrenombre de Aristóteles en el primer curso de ingeniería pues me veía pensativo, reflexivo, taciturno, cual filósofo. La verdad es que sí me interesaba la filosofía aunque no la hubiera estudiado más allá del bachillerato. Fue YT quien me devolvió el interés no solo a través del debate Žižek-Peterson sino con canales como The School of Life donde introducen brevemente a distintos filósofos. Gradualmente me fui acostumbrando a que ver YT no fuese mero entretenimiento. Muchos de los vídeos que empezaba a consumir también me enseñaban. Y comencé a buscarlo sin darme cuenta. Poco a poco dejé de interesarme por aquellos canales de puro entretenimiento, pese a seguir con una inercia cómica muy fuerte.

Lorenzo llegaba temprano a la uni mientras que a mi se pegaban algo más las sábanas. Mientras él caminaba 15 minutos, yo debía coger el bus por 25 minutos o montar mi bicicleta una media hora. Nos unía la pasión por la Mecánica de Fluidos y la admiración por el CFD. A los dos nos flipaba lo que el CFD es capaz de hacer y 3 años más tarde ambos trabajamos en uno de los mejores equipos de CFD de Dinamarca.

Le mieux est l'ennemi du bien.[3]

Voltaire

Lorenzo es más tímido que yo, más solitario. También es más perfeccionista y eso le lleva a tener un miedo al fracaso delirante. Hizo un trabajo espléndido sobre la cavitación en la inyección de combustible en el pistón de un motor de barco de dos tiempos para MAN. A pesar de la cantidad y calidad de su trabajo no paraba de decir que iba a suspender. Saco un diez, un 12/12 para ser más exactos, por supuesto.

---

[3] Lo mejor es enemigo de lo bueno.

Esa negatividad contagiosa me molestaba. En vez de decírselo, le animaba y le aseguraba que su trabajo era muy interesante. Una vez hube descubierto el efecto de la flexión de las palas (foto aquí abajo), sabía que mi tesis era de 10-12/12, por lo que solo me preocupaba escribir una memoria decente.

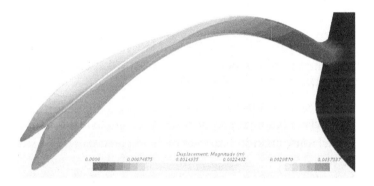

Todos los Estados bien gobernados y todos los príncipes inteligentes han tenido cuidado de no reducir a la nobleza a la desesperación, ni al pueblo al descontento.

Nicolo Maquiavelo

Tomábamos unos cuantos cafés al día de 5kr en la máquina al lado de nuestra sala. En cada *break* echábamos una o más partidas de futbolín, que en 90 % de las veces Lorenzo salía vencedor. Yo era más de filosofía y él más de arte, aunque a los dos nos gustaba seguir la política y la historia. Compartíamos un análisis político de la actualidad de Italia y España o de Euskal Herria, para que el otro entendiera mejor al otro país. Una vez la actualidad se gastaba, entrábamos a discusiones sobre ideología. Yo era y siempre he sido el más radical de los dos. Lorenzo sufría en 2019 pues no sabía a quien votar. Finalmente escogió a los social-demócratas pues Lega y 5 Stelle le parecían todos unos populistas demagogos.

El fin justifica los medios.

Napoleon Bonaparte

Por mi parte le vendía las bondades de Podemos y un referéndum de autodeterminación de Euskal Herria. Aunque comparado con el Véneto, somos casi independientes. La dicotomía norte-sur también se da en Italia. Años más tarde visité Nápoles y he de decir que algo de razón tienen los del norte cuando se quejan por compartir país con el sur de Italia.

Cada vez que veía un vídeo interesante al día siguiente le iba con el cuento. De esta forma interiorizaba mejor lo que había aprendido, o dicho de otra manera, me daba cuenta de si lo había entendido al poder explicarlo o de si no tenía sentido. El pobre Lorenzo se tragó todas mis pajas mentales sobre el Vascoiberismo. Bendito sea.

Capítulo VI

Los Antonios

A finales de mayo Anetxu vino a visitarme. Como buen hermano, fui a recogerla al aeropuerto. Me hizo mucho ilusión que viniera y discutimos bastante poco para lo que acostumbramos. Mi querida hermana es especialista en llevarme la contraria y después hacer lo mismo que yo. Aunque yo no lo crea, toma en cuenta mis opiniones y me respeta. No sé si soy un referente para ella, no creo que sea un modelo a seguir; lo que sí sé es que nos parecemos muchísimo y somos distintos en todo. A pesar de lo mucho que la quiero, me cuesta expresarlo. Mostrarle mi cariño siempre ha sido mi punto débil. Como quiero lo mejor para ella, soy duro y le suelto las verdades que a mí no me dijo nadie. Si ella me quiere la mitad de lo que yo ella me doy por satisfecho.

En aquellos días visitamos la ciudad, convivimos y nos fuimos de juerga juntos. Esto último pocas veces o nunca había hecho con Ane. Ese mismo fin de semana se celebró el *Distortion*, un festival al aire libre en las calles de Nørrebro y Vestebro en el que suele concidir el buen tiempo y las ganas de pasarlo bien. Calentamos motores con una paella a cargo de Jorge en el Ring. El Ring era como le llamaban a los 3 adosados donde vivían la mayoría de mis amigos situado en Brønshøj en una calle llamada Ringholm... no sé cuantos. Depués de comer bajamos a Nørrebro y anduvimos de DJ en concierto.

Las calles quedan destrozadas cada *Distortion*, parecido a Pamplona en San Fermín. La policía patrulla las calles para multar a incautos que mean en cualquier esquina. En esto los hombres lo tenemos algo fácil, mientras que para mi querida hermana tuvimos que hacer una muralla humana compuesta por unos 5 valientes que apenas nos quejamos cuando nos salpicó con lo que hubo sido cerveza tan solo unas horas antes. ¡Qué potencia![1]

Tres semanas después nos visitaron Ionmar y Pablo, buenos amigo de la uni que ahora viven en Holanda y Bélgica respectivamente. Llegaron a la hora de comer por lo que

---

[1]Espero que no se enfade por contar este chascarrillo, porque no lo pienso censurar :) Un muxu Anetxu.

les mandé venir a Tapa del Toro. Casualidad tenía turno de mañana y pude darles bien de comer. Calamares, gambas al ajillo, pimientos de padrón.. Como reyes. Un placer recibir a estos dos. Los demás días no almorzamos. Menudos desayunos de campeones nos metíamos con los que aguantábamos hasta la cena.

Gaby nos había prohibido volver a casa antes de las 6, hora en la que se levantaba para ir a trabajar al café. Por tanto, tuvimos que estirar la noche lo más posible. Intentamos entrar a Jolene en Meatpacking y tan sólo Jon consiguió sacar una cerveza para cada uno. Por suerte DJ Surprise había hecho acto de presencia por lo que recibimos la luz del día con un buen *technazo*. La vuelta a casa se hizo dura pues no había bus desde la estación de Herlev hasta Kagså. Cumplimos con nuestra promesa horaria y Gaby nos obsequió con tartaletas, cruasanes y napolitanas de Brioche Doreé a la vuelta de su turno.

Ionmar y yo estábamos escribiendo la tesis para acabar el máster mientras que Pablo se había mudado a Bruselas después de estudiar un máster de inteligencia artificial en

Madrid. Todos coincidíamos en lo recomendable que es salir de casa, vivir en otra ciudad, otro país, conocer gente de otros lugares, culturas. En cierto modo sentíamos lástima por aquellos que pudiendo haberse ido a cualquier lugar de Europa, prefirieron quedarse en casa con la ama. Los tres renunciamos al camino fácil, al que nos marcaban en Tecnun[2].

El famoso máster habilitante[3] de industrial necesario para llegar a "algo" que tantas veces nos repetían en clase. A pesar del miedo que nos querían meter, fuimos lo bastante rebeldes como para salir de la comodidad de casa, de lo de siempre para buscar algo nuevo.

Lo nuevo no siempre tiene que se mejor pero en este caso lo nuevo significó estudiar, por fin, lo que nos gustaba a cada uno. Un idioma y un país nuevos, y muchas experiencias y oportunidades que no hubiéramos podido encontrar en Donosti. Por todo esto nos daban algo de pena los que no quisieron salir. A ratos también envidia pues no todo es fácil en el extranjero. El clima es terrible, las horas de luz en invierno no ayudan, el norte de Europa no sobresale por su gastronomía, eres inmigrante con todo lo que conlleva y la familia está lejos. Cada cierto tiempo uno hace un balance de las cosas buenas y no tan buenas de vivir en Dinamarca. ¿Estaría mejor en Donosti? ¿Madrid? ¿Barcelona, quizá? Aquellos a los que alguna de las razones mencionadas les pesa se volvieron, sobre todo los franceses. Nosotros en cambio, si algo teníamos claro era que por un tiempo no volveríamos a Donosti. De hecho, cinco años

---

[2] Tecnun es el nombre de la escuela de ingeniería en Donosti perteneciente a la Universidad de Navarra donde estudiamos.

[3] En España hay que hacer un máster en ingeniería industrial para poder ser ingeniero "superior" y firmar proyectos.

después seguimos por el norte. Por algo será.

Entre visita y visita me lo pasé en grande en la boda de Miren y Pablo. Esta era la primera boda a la que me invitaban de adulto y me encontré con muchos amigos y amigas de Arrupe[4]. Miren y yo habíamos sido monitores en Arrupe y organizamos varios caminos de Santiago y rutas ignacianas, todo dentro del cole de los Jesuitas al que fuimos, en lo que nos hicimos muy amigos. De hecho, una parte de mi regalo de boda fueron fotos tragicómicas de momentos clave de todos aquellos campamentos. La boda fue muy divertida y Miren estaba guapísima con su vestido blanco. Hasta me emocioné cuando llegó por fin al altar. Fue una boda preciosa. Hacía mucho tiempo que no había visto a Miren. Al mismo tiempo que me fui a Copenhague, ellos se fueron a Burundi para trabajar en los campos de refugiados congoleños. Un tiempo después nos volvimos a encontrar en Roma, donde ellos viven ahora. Desde aquí les deseo lo mejor :)

---

[4]Arrupe es un grupo de tiempo libre perteneciente al colegio de los Jesuitas al que fui. Pedro Arrupe fue general de los Jesuitas.

Siempre admiré en Miren la fuerza y determinación para ayudar a los demás a través de voluntariados en refugios en invierno, en colegios en Colombia, recogiendo testimonios de inmigrantes en las costas italianas y entonces trabajando en los campos de refugiados. Miren es todo un ejemplo y espejo en el que mirarse para ser buena persona. Seguía al pie de la letra la máxima ignaciana "en todo amar y servir" que en su día compartimos. Sin embargo, yo me había alejado del todo de Arrupe, de los Jesuitas y de la religión en general. En aquel momento de mi vida la fe no me quitaba el sueño y hoy por hoy sigue sin ser una preocupación.

¿Y quiénes son mis referentes? Mis modelos a seguir. Ojalá que yo sea uno para mi hermana. Seguramente comparta con ella exponentes dentro de nuestra familia. Mis padres por todo lo generosos que han sido con nosotros y por como han cuidado de sus propios padres, siempre serán un ideal en el que fijarme.

Mi Amona[5] Ana, ama de mi ama, siempre será para mí el ejemplo a seguir. Su recuerdo me da fuerzas para intentar llenar de bondad el hondo hueco que dejó.

Me encantaría parecerme a ella. Y también a su hermano, mi tío Eduardo, con el que podría charlar horas. Aunque lo del celibato y la sotana no me vaya, es sin duda otro modelo de vida, entrega y generosidad.

Estos son mis referentes. ¿Cuáles son los tuyos?

¿Qué hacéis el sábado? ¿Estáis libres? Quedaban menos de mes y medio para entregar la tesis, pero el fin de semana había que emplearlos en el bar y en descansar para despejar

---

[5] Abuela en euskera

la mente. Albert nos invitó a Jorge y a mí al concierto de Metallica en el Parken. ¡Tremendo concertazo! Vino también Martin, nuestro jefe, que hacia el final del concierto se fue con unos amigos y según dijo le debieron meter algo en la copa pues no supo ni como llegó a casa. Al día siguiente abrió el bar tiritando y con sudores fríos. Menudo personaje el Martin. No había estado en un gran concierto desde que fuimos a ver a Bruce Springsteen en Anoeta[6]. Tocaron todos los clásicos: One, Sandman, Nothing else matters y Master of puppets, que tanto suena ahora por la escena de Eddy en la cuarta temporada de Stranger Things.

En Junio se empezó a notar la afluencia de turistas en la calle y en el bar. Muchos toman las vacaciones a mediados o finales de junio, entre ellos todos los programas de TV y radio que seguía asiduamente. La Vida Moderna, La Resistencia, Buenafuente, etc. Gracias a no llevar casi ningún programa atrasado, me encontré a principios de Julio con que no tenía ningún programa que escuchar en Youtube. Fue en esta época cuando comence a escuhar un programa de radio en Ivoox llamado *Carne Cruda* y dirigido por Javier Gallego, que antes estuvo en la SER y en Radio 3 primero. En 2019 se financiaba con las donaciones de los oyentes para poder mantener una independencia editorial. Editorial socialdemócrata radical, entrevistaban a cantantes, escritores, políticos y demás personas de interés. Me parecie-

---

[6]Anoeta es el estadio de la Real Sociedad. Tras la quema de la ciudad por los ingleses en 1813, los burgueses se reunieron en el pueblo de Anoeta para planear la reconstrucción. He aquí el motivo del nombre. Ahora le llaman Reale Arena Stadium por lo que seguiremos diciendo Anoeta.

ron muy buenos todos aquellos programas de la época de las primeras elecciones en las que PSOE y Podemos podían hacer una coalición.

En Julio me hice un maratón de programas de *Carne Cruda* y en uno de ellos Javier Gallego entrevistó a un personaje que me sedujo y fascinó desde el primer minuto. Este no era otro que Antonio García Trevijano. La entrevista es muy corta, de unos siete minutos, y en ella explica que tipo de república quiere para España, como ha de ser la tercera república. La firmeza y vehemencia de sus palabras me llamó la atención. De hecho, no dejaba hablar al presentador; sabía lo que quería decir. Menciona también su organización por la tercera república llamada Libertad Constituyente. Así fue como conocí a García Trevijano.

Antonio García Trevijano oriundo de Granada, nació en el 27, como la Amona Carmen, y fue abogado, jurista y filósofo político. Durante la dictadura franquista fundó la Junta Democrática y fue figura clave para entender la transición española. A mi me conquistó desde el primer minuto por su crítica a los partidos políticos y al sistema político español. Él se presentaba como repúblico para diferenciarse de los nostálgicos de la idealizada segunda república. No he conocido a nadie que explique mejor por qué España no es una democracia y que denuncie la falta de separación de poderes. Trevijano tenía una cierta simpatía por Pablo Iglesias ya que compartían la crítica al sistema político español. No obstante, lo que me unió a el desde el primer momento fue desprecio absoluto a Albert Ribera y en aquel entonces su partido. "Niño de extrema derecha" y "autoritario" eran alguno de sus calificativos.

Qué maravilla, este señor, por desgracia ya fallecido cuando llegue hasta él gracias a Youtube, tan mayor y hablando de estos temas que pareciera pertenecer a Izquierda Unida o Podemos. En cierto modo me recordaba a Julio Anguita, otro grande que perdimos recientemente. Pese a ser de Granada, su acento era impecable y su uso del castellano muy rico y preciso. Me puse a buscar información sobre él y di con el canal de youtube abierto por su organización llamado Libertad Constituyente TV. Sus discipulos subieron infinidad de discursos, reflexiones, crítica política y conversaciones. Escribió varios libros a los que aun no les he dado una oportunidad. *La teoría pura de la república* es uno de los que tengo pendientes. En él se describe como ha de ser una democracia para evitar la corrupción, o disminuirla al mínimo posible. Entre otras cosas, propone el mandato imperativo para los parlamentarios, una república presidencialista estilo francés, la prohibición de las subvención estatal a los partidos políticos y otra serie de medidas que ahora no recuerdo. Ya va siendo hora de que me lea su libro.

Gracias a Antonio descubrí los programas de *La Clave*, conducidos por José Luis Balbín, recientemente fallecido también. La Clave fue un programa de televisión que emitió TVE[7] desde el 76, con Franco aún calentito, hasta el 85 cuando Felipe González lo censuró y desde el 90 hasta el 93

---

[7] Televisión Española.

en Antena 3. Seguramente hubo sido este uno de los mejores, si no el mejor, programa de televisión que se ha hecho en España.

El programa de debate tenía un formato muy simple. Antes de nada se introducía el tema a tratar, siempre polémico e interesante, no necesariamente actual. Acto seguido se presentaba a los invitados, casi siempre de categoría, no como ahora. Tras las presentaciones comenzaba la película relacionada con el tema que daba pie al coloquio posterior. En youtube se pueden encontrar muchos de estos programas y en varios Trevijano fue invitado.

El primer programa en el que participó fue en 1979 y se titulaba "Democracia". Es increíble la libertad con la que se habla de la transición hace más de 40 años y nada más concluir esta. Trevijano revoluciona el programa y denuncia la traición de Felipe González que pacta con el franquismo una transición sin ruptura. La ruptura la estaba preparando él, el propio Trevijano en la Junta Democrática que agrupaba a toda la oposición democrática al franquismo.

Volvió a participar en el programa en la segunda etapa del 1990 a 1993 en tres programas llamados: "500 claves de la transición"', "¿Hay democracia en España?" y "Elecciones 1993". Trevijano fue protagonista absoluto y dio un recital de historia, teoría política y claridad de ideas. Os recomiendo echarle un ojo, pues no hay más que buscar "trevijano la clave" en youtube. En el "Hay democracia en España", compartió tertulia con Julio Anguita, antes mencionado. Antonio expresó en su Radio Constituyente años más tarde que tenía un alta estima personal por Anguita, aunque del mismo modo confesaba que el bueno de Julio tenía un nivel político pésimo y que no era un político de envergadura.

Tras estos programas seguí indagando y encontré muchas conferencias en universidades, entrevistas con Jesús Quintero o con Sánchez Dragó en Negro sobre blanco. Busca buscando fui a parar a un programa de Intereconomía[8], ¿quién me lo iba a decir? Heredero indiscutible de *La Clave*, Juan Manuel de Prada[9] dirigió durante años el exquisito programa *Lágrimas en la lluvia* siguiendo exactamente el mismo formato. Antonio participó en unos cuantos programas sobre *Monarquía o república, La vejez* o *La corrupción política*. Ya ves tú. Borja viendo Intereconomía, y disfrutándolo además.

En caso de que tuviera que recomendarte, a ti lector, un único vídeo para entender que significó Antonio García Trevijano, ese debiera ser la conferencia de nombre "El porvenir de España" dada ante un Ateneo de Madrid a rebosar en 2015. En vez de describir yo esta conferencia, te animo a verla. Apoteósico. Por cierto, el presentador del acto es hoy en día un famoso youtuber. A ver si adivináis quien.

¿Y qué hace este chico de izquierdas, independentista vasco escuchando y hablando tanto sobre Trevijano? Pues este era totalmente contrario al derecho a secesión, incluso en contra del federalismo y pedía una república jacobina[10] al estilo francés.

---

[8]Canal de televisión español de ideología conservadora, muy conservadora. Ahora se llama *El Toro TV.*

[9]Escritor católico, conservador y tradicionalista español.

[10]El jacobinismo aboga por la homogeneización nacional. Centralismo absoluto y guerra contra cualquier diferencia cultural. El jacobinismo es lo peor que existe.

En aquella época yo creía ingenuamente que Podemos podía regenerar la instituciones políticas y la teoría de Trevijano era perfectamente aplicable para evitar la corrupción. Además su denuncia a Felipe González por el GAL[11] y por la traición a la Junta Democrática iba a la par de mi desprecio político al tibio PSOE que se había abstenido para dejar a Mariano Rajoy en la Moncloa el año anterior. A su vez, veía necesario aprender sobre su teoría de la república para el venidero estado independiente de Euskal Herria.

El mes de Julio pasaba y yo predicaba a los cuatro vientos la palabra de Antonio. A Lorenzo le intentaba exponer el porqué de las inconveniencias del parlamentarismo en general y el italiano en particular; a Gaby le daba unos *highlights* de lo más interesante, mientras recibía nula respuesta por su parte; y también lo largaba en el bar, a Albert, a Jorge y a Alfonso, quien sí había oído hablar de él antes. Me sentía un apóstol de la buena nueva que predicaba en el desierto, más preocupado por la divulgación que de mi propia tesis. Un mes para entregarla y la escritura iba a buen ritmo.

El algoritmo de youtube comenzó a sugerirme programas de La Clave que yo escuchaba antes de dormir o en bici de camino a la uni. Recuerdo algunos muy buenos sobre el Marxismo, García Lorca con un joven Ian Gibson, el Opus Dei, la OTAN, el Valle de los Caídos[12] que tan de moda se puso por aquellas fechas, católica España con

---

[11] Grupos Antiterroristas de Liberación, GAL, fueron grupos terroristas creados por el estado español gobernado por el PSOE para combatir a ETA. Se les atribuyen 27 asesinatos en los años 80.

[12] Es un monumento de la dictadura franquista erigido por prisioneros republicanos. En él estaba enterrado Franco hasta esas fechas.

Gustavo Bueno sobre el que volveremos más adelante, el Anarquismo, nacionalismo vasco y catalán, las drogas con Antonio Escohotado (explico quien es este señor dentro de unas pocas páginas) y muchos otros temas.

Como podéis leer, aproveché el tiempo durante el semestre de la tesis aprendiendo mucho sobre CFD, propulsores de barco o teoría política. Fueron unos meses de mucho trabajo y frustración a la vez que de libertad y tranquilidad. Guardo un buen recuerdo de aquellos casi siete meses en los que puse fin a seis años de estudios de ingeniería. El día llegó, entregué la tesis, subí el archivo a la plataforma y solo faltaba hacer una buena presentación. Aún me quedaban algo más de dos semanas para presentar por lo que fue un buen momento para una merecida escapada.

La embajada venezolana que le corresponde a Gaby por vivir en Dinamarca está en Oslo. Por lo que hicimos coincidir esta necesaria visita para renovar el pasaporte con unos días de descanso. Tomamos el crucero DFDS que zarpa a la tarde de Nordhavn y llega a la mañana a Oslo. Las vistas de fiordo noruego me decepcionaron. Al parecer no tienen nada que ver con las de los fiordos del oeste o el norte. El crucero estaba infestado de coreanos y chinos que se peleaban por el desayuno. La tienda a bordo fue arrasada por los noruegos al entrar en aguas internacionales. Compraban litros y litros de alcohol ya que el precio de las bebidas alcohólicas en Noruega es prohibitivo debido a los altos impuestos. Una vez resuelta la burocracia disfrutamos de unos tranquilos días en la capital Noruega. Disfrutamos del barrio Grünerløkka, caminamos por el puerto y visitamos el museo del Kon-Tiki.

A la vuelta presenté mi tesis ante Jens, Henrik y Michael Bo que formaban el tribunal. Sudé lo mío, pues yo soy muy de sudar, pero la presentación fue bien que es lo importante y me pusieron un doce. Más que por calidad, por cantidad pues, según me dijo el propio Henrik, había hecho el trabajo de dos tesis en una.

Qué felicidad, qué satisfacción, qué tranquilidad. Todos esto sentimientos son los que uno espera tras entregar un trabajo de tan larga duración y dedicación, y, sí, ahí están. Sin embargo, los sentimientos que prevalecen son otros como el miedo y el vértigo, pues el futuro es incierto y no hay nada seguro. Otra sensación que compartimos mis compañeros era la de vacío. Durante más de medio año todos los días tenías algo que hacer, un propósito, y de repente se acaba, y uno se desnorta. Desaparecen los profesores quienes han sido referentes desde que tienes memoria. Nada o poco importan las notas, el mundo académico, el terreno conocido. Ahora tocaba el mundo real, el de las duras entrevistas y el paro.

En otras ocasiones sentimos la falta de modelos, de referentes intelectuales, espirituales si cabe. Por suerte, tuve la fortuna de que en aquellos primeros meses de verano el algoritmo me llevó hacia una persona que cambiaría mi pensamiento para siempre. Un flautista de Hamelín al que seguí hechizado por un conjuro, el hechizo de sus palabras medidas y tono de voz grave.

Jorge me había hablado de un tipo, que su nombre no memoricé, que había escrito varios libros sobre las drogas y que las había probado todas ellas en propio cuerpo. Madre mía, qué *colgau*. Eso es lo que pensé antes de saber que Jorge estaba hablando sobre el hombre más inteligente y culto que ha pisado este mundo. Spanish Revolution[13] rulaba por Facebook y Youtube un videíto corto de un señor de pelo blanco y bien vestido que decía lo siguiente:

> Un país no es rico porque tenga diamantes o petróleo. Un país es rico porque tiene educación. Educación significa que, aunque puedas robar, no robas. Educación significa que tú vas paseando por la calle, la acera es estrecha, y tú te bajas y dices: "disculpe". Educación es que, aunque vas a pagar la factura de una tienda o un restaurante, dices "gracias" cuando te la traen, das propina, y cuando te devuelven lo último que te devuelvan, vuelves a decir gracias. Cuando un pueblo tiene eso, cuando un pueblo tiene educación, un pueblo es rico.

---

[13]Spanish Revolution es un medio de comunicación que surgió a partir del 11M. Muy activo en Facebook y Twitter. Es un medio de izquierda radical y se caracteriza por sus noticias sensacionalistas.

Viaje al otro lado

Antonio Escohotado Espinosa

Aquel vídeo era un extracto de la entrevista de Dragó en *Negro sobre blanco* realizada en 2004 a propósito de su libro *Sesenta semanas en el trópico*. Pese a haber visto más de una vez esta exposición sobre qué hace a un país rico, no sabía que se trataba de Antonio Escohotado, ni cual era la entrevista. De hecho, el historial de youtube me permite saber con exactitud cual fue la primera vez que escuche a Escohotado. Ésta no fue si no en *Otra vuelta de tuerka* con Pablo Iglesias.

Fantástica entrevista; para de leer, cierra el libro y ponte a verla. Hazme caso, por favor.
Ahora que has conocido al personaje, déjame que te cuente cómo me enamoré de su persona.

Era el día 2 de Julio de 2019 y durante todo el mes visioné aquello que pude encontrar sobre Escota[14] en youtube. En menos de tres semanas me calcé casi todos los vídeos de su

---

[14] Así lo llamaron en una ficha policial, y se le quedó.

canal de, dirigido por su hijo Jorge. Un documental de la 2 sobre su persona, varios programas de *Negro sobre blanco* sobre su año sabático en Thailandia, sobre el primer tomo de los *Enemigos del comercio*, el programa de FAQS en TV3[15] donde debate con Antonio Baños, una conversación con Drexler, su querido amigo, y Amarna Miller, una conferencia sobre drogas en un congreso sobre Salud y Nutrición, la entrevista con Monedero en la Frontera, entrevista con Jesus Quintero, otra por Quintero y con Coto Matamoros, otra con Un Tío Blanco Hetero, una conferencia deliciosa en Tabakalera en Donosti, una mesa redonda con Elvira Roca Barea en unas jornadas organizadas por Arturo Pérez Reverte en Sevilla, el discurso de recepción del premio Juan de Mariana 2019, entrevista biográfica en la Fundación Juan March, entrevista en la televisión uruguaya, en la Universidad de Antioquía, la crítica al los Enemigos del comercio por Jesus Maestro, la entrevista en *El mundo por montera* en 1989 a Albert Hofmann, inventor del LSD, un diálogo con Ernesto Castro, programas de la Clave sobre las drogas...

Disculpen esta retahila incoherente de títulos y entrevistadores que poco o ningún sentido tienen para el lector. Sin embargo, quiero explicar de algún modo cómo Escohotado me embriagó. Cada vez que un nuevo vídeo se subía a su canal, lo veía como alumno entregado al maestro a la espera de otra clase magistral. Y se lo compartía a Jorge por whatsapp, si no era que él me lo había mandado antes. También se lo compartía a mi Aita y a otras personas, aunque no todo el mundo está dispuesto a sentarse a ver/escuhar una conferencia de hora y media.

---

[15] Canal público catalán más visto

Tardé un tiempo en pasar de la admiración a la acción. Con el inicio del año me propuse leer el primer tomo de los *Enemigos del comercio*. Sin yo saberlo, este fue el primer paso firme hacia el otro lado. Un acto de valentía, en el que estuve abierto a cambiar de opinión. Los *Enemigos del comercio* me hicieron notar que estaba equivocado y reconocerlo es a ratos doloroso. No es un proceso de un día para otro, ni siquiera de un mes al siguiente. Se parece más a esa gota de agua que cae cada poco segundos, enana ella en comparación con la roca, esa a la que con el paso del tiempo va minando, abriendo un camino.

Lo que resta de capítulo es una resumida biografía del maestro. Sirva a modo de homenaje.

Antonio Escohotado Espinosa nació en Madrid el 5 de julio de 1941 y pasó su infancia en Brasil. A su vuelta se encontró con una España nacional-católica pestilente y encorsetada. Su odio al régimen le llevó a militar en el partido comunista en la rama maoísta. De hecho, acudió a la embajada de Vietnam en París para alistarse en el Vietcong y luchar contra el imperialista *yanki*. Por suerte no aceptaron su ofrecimiento y pudo estudiar derecho y opositar. Obtuvo en 1964 un buen puesto en el Instituto de Crédito Oficial, ICO, donde trabajó varios años.

En el año 70 se tomó un año sabático, que terminaron siendo 13 años, y se lanzó a la aventura de vivir una vida de *hippy* con su familia en Ibiza. Una vida de drogas, visionarias sobre todo, orgías, fiesta, rock & roll y austeridad en viejas masías, sustentada por medio de traducciones de autores como Jefferson, Hobbes o Newton. Le dio tiempo de fundar la famosa discoteca Amnesia que más tarde malvendió. Un trampa policial pone término a su aventura *hippy* cuando es procesado en 1983 por tráfico de cocaína. Escribió entonces un artículo en el *El País* donde dice "la clave está en La Clave", pues coincidió en el programa con el jefe de la brigada de estupefacientes antiguo agente de la brigada política bajo el franquismo, José María Mato Reboredo. Escohotado le halagó en el descanso publicitario felicitándole por su rehabilitación democrática y el otro se la guardó. Con tal inquina que le tendieron una trampa para traficar con la mafia corsa en connivencia con la policía local.

Volvió a Madrid donde comenzó a impartir clases en la UNED en la facultad de Ciencias Políticas y Sociales hasta su jubilación. El juicio tuvo lugar 5 años después y durante ese tiempo publicó un libro al año además de los artículos en *El País*. Fue condenado por "tráfico de drogas en grado de tentativa imposible" a dos años y un día por lo que tuvo que cumplir un año entero en prisión, conmutando día de condena por día trabajado. En su palabras, fueron unas "vacaciones humildes aunque pagadas" en el penal de Cuenca que fue de su elección. Pidió celda de castigo con total incomunicación para dedicarse en cuerpo y alma al trabajo. Entró a la cárcel con dos maletas repletas de libros y salió con 1500 páginas de lo que sería uno de sus libros más famosos, *Historia general de las drogas*. Sin duda la mejor obra jamás escrita sobre las drogas, por extensión, complejidad y profundidad.

Sus inquietudes de metafísica y moral cambian a la par que su obra con el milenio. Y es que por el año dos mil rompe su matrimonio de 20 años para formar una nueva familia y se marcha a Thailandia, aprovechando un año sabático en el que investiga sobre las causas de la pobreza y la riqueza. La economía siempre había sido su asignatura pendiente, por lo que se las vio con Menger y Hayek entre otros. Publicó en 2003 *Sesenta semanas en el trópico* donde relata este año a modo de diario describiendo la vida en el sudeste asiático junto con notas sobre la Escuela Austriaca[16]. Al final de libro se autodefine como "liberal demócrata", "el paradigma del hombre de izquierdas en España", desatando la furia y crítica de muchos. Acaba sus 60 semanas en otro trópico, el brasileño donde es invitado a tomar ayahuasca por tres días en el Amazonas. Es en esta época cuando hace su definición de qué es un país rico que me atrapó.

Es entonces cuando se siente en deuda intelectual con su yo del pasado. Se da cuenta de lo equivocado que estaba cuando apoyaba el comunismo. Con afán de enmendar su error, se dispone a realizar una obra titánica. Los próximos 15 años los pasaría trabajando en jornadas de más de 10 horas investigando sobre el comunismo, elaborando su "crítica a la razón roja". Esta labor culminó con la publicación de su obra magna los *Los Enemigos del comercio: una historia moral de la propiedad privada* que cuenta con tres tomos publicados en 2008, 2013 y 2016.

Tras un periodo de divulgación en universidades y televisión, se retiró a su casa en Galapagar. Escapó a Ibiza después del primer confinamiento del covid para morir como los elefantes, alejándose de la manada. Aún publicó dos obras más, *Los hitos del sentido* sobre filosofía y una historia del Real Madrid. Cual profeta en la montaña, muchos amigos, seguidores y curiosos fueron a visitarlo en su pico de popularidad.

---

[16]Escuela de economía fundada por Carl Menger basada en el individualismo metodológico. Caracterizada por la profunda crítica al socialismo y al keynesianismo.

Defensor acérrimo del derecho al buen morir, eutanasia, buscó una pistola para poder darse fin en cuanto sus facultades menguaran. Finalmente, falleció el 21 de Noviembre de 2021 de viejo. Recuerdo aquel día claramente. Nunca había sentido tanta pena por un fallecimiento fuera de la familia, por alguien con quien jamás había hablado. Recibí mensajes y llamadas de familia y amigos para darme el pésame, como si fuera un pariente cercano. Más afectado que yo estaba mi querido Jorge, del cual tomo las palabras "he aprendido de él más que de muchos familiares".

Escohotado ha supuesto para mí un ejemplo, un guía moral, un oráculo del Delfos. Un maestro que nos dio la receta para ser felices. Además de enseñarnos sobre las drogas, sobre la historia del comercio, sobre la libertad, Antonio me enseñó algo más valioso, la curiosidad. Jesús Quintero acabó su entrevista preguntándole por su epitafio y éste concluyó del siguiente modo: "quiso ser valeroso y aprendió a estudiar".

Capítulo VII

Al paro

En Dinamarca no hay derecho a paro. ¿Sorprendido? Tampoco hay salario mínimo y el despido es libre. Madre mía, qué fachas son estos daneses. La verdad es que el mercado laboral danés es uno de los más libres del mundo. Razón por la que su economía es muy dinámica y encontrar trabajo es relativamente fácil, con un desempleo por debajo del 5 %. En vez de paro estatal como en España, existen los *a-kasse*, los fondos de seguro por desempleo que son instituciones privadas sin ánimo de lucro con una cuota de unas 400-500 coronas mensuales (54-67 €).

A finales de verano de 2019 me encontraba en busca de trabajo. Había dejado el trabajo en Tapa del toro a finales de julio y en agosto cobré las vacaciones junto con la SU. Las *a-kasse* en Dinamarca dan un subsidio mensual a los recién graduados que estén buscando trabajo. Este subsidio tiene una duración de dos años y consta de unos 1.200€ después de impuestos. La única condición para recibir el subsidio (*dagpenge*) es no estar trabajando, acudir al *jobcenter* y buscar activamente empleo, un mínimo de dos solicitudes a la semana si no recuerdo mal. Después cada ayuntamiento tiene su propio sistema y reglas. En el ayuntamiento de Gladsaxe, donde Gaby y yo vivíamos, el *jobcenter* es uno de los más estrictos. Debía ir todas las mañanas por cuatro horas al centro de desempleo. Este era el precio por recibir el *dagpenge*. Un precio muy alto en comparación con el ayuntamiento de Copenhague. Aquel centro, de detención para mí, fue todo un suplicio.

Nada más llegar debíamos firmar para certificar nuestra presencia. Después pasábamos a la estancia común con algunos ordenadores. Si llegabas con tiempo podías conseguir una mesa en la que poder apoyar el portátil. Estábamos mezclados graduados universitarios con chavalería que no quería hacer el bachiller o que acababa de terminar un grado medio. No me malentendáis, me parece genial que hayan estudiado un grado medio, o no quieran estudiar el bachillerato, pero que nos traten igual a los que tenemos 6 años de estudios superiores con unos chavales que pasan el rato saliendo a fumar porros no tiene ningún sentido. Hasta vi como alguno vendía droga dentro del *jobcenter*. Y eso que yo estoy totalmente a favor de la libre venta de drogas, pero ese quizá no era lugar.

Las carceleras y carceleros eran trabajadores sociales que supuestamente te guiaban para hacer un buen CV o carta de recomendación. La realidad es que estaban para cerciorarse de que pasaras allí las horas requeridas. De vez en cuando daban algún curso de poco nivel y siempre en danés. Menos mal que por aquel entonces me estaba preparando para el *Prøve på dansk 3*, PD3, que equivale a un B2 de danés, por lo que era capaz de seguir los cursos. Cada semana teníamos una entrevista con nuestra carcelera personal, también en danés, para repasar las solicitudes de las semana. Una vez me dijo la mía que no podía solicitar trabajo como Project Engineer sin experiencia. La tía confundía Project Manager con Project Engineer. En fin, fue un horror y me amargó bastante la existencia. Me revisaron el LinkedIn y el CV y no pudieron darme ninguna recomendación. Muestra de la inutilidad de tener que estar allí todos los días. ¡Con lo a gusto que estaba yo en mi case escribiendo la tesis!

Una vez aceptada la situación, intenté sacar el mayor rendimiento posible a esa media jornada diaria y además de buscar trabajo hacía los deberes de danés, leía y estudiaba programación en Python. Evitaba toda interacción posible pues esta debía ser en danés y termina siendo agotador. Los miércoles nos juntábamos los universitarios del centro a hacer *networking*, en danés por supuesto. Un día el *jobcenter* nos pidió nuestra opinión sobre como mejorar el centro. Algunos propusimos atender menos horas, y parecía que nos fueran a hacer caso hasta que una estúpida estudiante de ingeniería química dijo que a ella le parecía genial que tuvieramos que ir todos obligatorio. Pues ve tu tía plasta. Vaya boba.

La pregunta es, ¿para qué sirven los *jobcenter*? Sin duda mucha gente recibe formación sobre CVs, cartas de motivación o preparación para entrevistas. De hecho, el propio *a-kasse* ofrecía excelentes sesiones sobre estos temas y los ponentes eran muy buenos además de ser en inglés. Por tanto, el lado de formación quedaba cubierto por parte del *a-kasse*. Entonces, ¿sirve de algo el centro de desempleo? La respuesta es sí, sí que sirve. Su principal propósito es evitar que la gente se apalanque recibiendo el *dagpenge*. Esas 4 horas diarias encerrado suponen una presión brutal que te empuja a tomar el primer trabajo que te ofrezcan. Esta era la estrategia en la mancomunidad de Gladsaxe.

Algunos de mis amigos encontraron trabajo nada más terminar el máster. Otros tenía firmado el contrato incluso antes de acabar. De los extranjeros hubo quienes se volvieron a su país, como fue el caso de mi querido Lorenzo. Aunque dos años después lo rescaté y ahora, en 2022, trabajamos en el mismo equipo. De los extranjeros aquellos que habían estudiado másteres que le interesaba, aquellos que escribieron una buena tesis y que además se lo curraron durante el máster, encontraron trabajo relativamente rápido salvo rara excepción. Aquellos que vinieron a Copenhague a estudiar un máster sin mucho interés, a continuar un "erasmus", a hacer lo mínimo, lo tuvieron más difícil para encontrar trabajo tardando en ocasiones más de un año.

En una primera fase rellenaban solicitudes para cubrir la reglas del *dagpenge*. Estas reglas permitían recibir el subsidio por un trimestre si buscas trabajo en tu país de origen. Así que hubo quien se pasó esos tres meses viajando o en casa de los *Aitas* cobrando por nada. En la segunda fase solo intentaban conseguir trabajos de "lo suyo", su especialidad, sin siquiera considerar empezar de algo más general como hice yo. En la tercera fase la desesperación crecía justo cuando llegó la pandemia. Esta se convirtió en razón y a la vez excusa para no encontrar empleo. En la fase final, previa al desenlace, se aceptaba cualquiera práctica por un mes, dos meses o lo que fuera, pagadas, malpagadas o gratis. Lo que fuera por alejar el *jobcenter* de tu vida. El desenlace terminaba en un primer puesto de trabajo si había suerte, o en la desesperación más absoluta. La segunda era la peor pues el desempleo genera un círculo vicioso en el que te minusvaloras y pierdes confianza. Más de uno acabo presentando un cuadro de depresión, por lo que desistían y volvían a casa de sus padres o probaban suerte en otro país.

Por suerte no estuve más que dos meses acudiendo al *jobcenter* pues comencé a trabajar a mediados de octubre. Me llamaron para un total de 4 entrevistas. La primera fue en Gotemburgo con Siemens para trabajar de *Application Engineer* ayudando a clientes con el software de CFD StarCCM+. Era el trabajo soñado y la entrevista fue bastante bien pese a ser la primera de mi vida laboral como ingeniero. Fueron casi dos horas y perdí mucha fuerza cuando me dejaron bien claro que trabajar desde Copenhague no era una opción. No iba a dejar a Gaby estudiando en Copenhague a 5 horas de mí en Gotemburgo, por lo que pronto aquel puesto soñado se desvaneció. Al menos me pagaron el viaje y me di una vuelta por Gotemburgo que es realmente bello.

Mi segunda entrevista fue en una zona industrial algo alejada del centro en Brøndby. El trabajo no tenía mucho que ver con mecánica de fluidos pero aún así parecía interesante. Acudí con tiempo y lo más elegante a la vez que casual que supe. Creo que la razón de mi éxito fue pasar por el baño a despejar el dolor de tripa. Tras este apuro de última hora llegaron mis entrevistadores Simon y Bogi (pronunciado Boye). El puesto me interesaba pero tampoco tenía una imagen muy formada de lo que trataba así que no tuve presión durante la entrevista. Recuerdo que no vi pestañear a Simon en toda la entrevista que sobrepasó la hora. Me sentí muy cómodo y noté buena sintonía con mis entrevistadores. Seguí todas las recomendaciones para una entrevista de trabajo: no me senté hasta que me lo indicaron, sonreía mucho, las manos sobre la mesa y cruzadas, indicando seguridad, fui honesto y me preparé bien las típicas preguntas. Bogi me explicó a que se dedicaban en National Oilwell Varco, NOV para los amigos. En pocas palabras diseñaban systemas subacuáticos de tuberías flexibles para extraer crudo o gas del fondo marino. El puesto era de diseñador de la tubería y sería responsable de la elección de las dimensiones y del material de cada una de las 15-17 capas de una tubería flexible. Recuerdo llamar al Aita y contarle sobre la entrevista con entusiasmo y buenas sensaciones.

La tercera entrevista fue telefónica, de una media hora. Pernille, de COWI, buscaba alguien para su equipo de consultoría técnica de sistemas energéticos como plantas de energía. Me llamó apenas un minuto después de la hora acordada. Contesté en inglés, lo más amable posible. Fui cortado secamente y en danés. No estaba preparado emocionalmente para una entrevista en mi idioma escandinavo favorito, no me lo esperaba. Tras veinte minutos de conversación en danés, mi cerebro explotó y saqué la bandera blanca rogando clemencia. Ya en inglés me dijo que mi nivel era suficiente y que la mayoría de clientes eran nacionales, por lo que era un requisito. Eso ya me lo suponía, pues el anuncio estaba en dicho idioma, aunque decidí postularme de todos modos. La entrevista fue ácida y poco amable. No hace falta decir que no me dieron el trabajo, aunque tampoco creo que me hubiera gustado trabajar con Pernille.

A principios de septiembre, Gaby y yo decidimos que el tiempo en Kagså debía llegar a su fin. *Commute* en inglés significa viajar al trabajo sea en coche, en bus o en tren. También posee el significado castellano de conmutar una pena en el sentido de reducirla. Cada vez que íbamos al centro o al aeropuerto, aquello parecía una penitencia a conmutar por nuestro pecados. Una de las cuestiones que acabó con nuestra paciencia fue hacer la compra. Algo tan nimio o poco importante como el súper se convierte en vital cuando vives en una zona residencial, sin bares ni restaurantes a dos kilometros a la redonda. A algo menos se encontraba el súper más cercano, el Netto. Siempre mal abastecido, terminamos por cambiar de vez en cuando e ir al Føtex, a 2,7km, unos 25 minutos de ida y 30 de vuelta por el peso de las bolsas. Algo más económico era el Lidl. Había uno al lado de la estación de tren de Herlev, pero tomar el bus era necesario para acortar los 35 minutos de caminata.

El bus no era ninguna maravilla del cual ya hablé en el segundo capítulo. En suma, la situación geográfica nos limitaba poder pasar más tiempo con los amigos. Visto desde ahora, un coche podría haber sido una buena solución. Con él podríamos ir al centro en menos de 10 minutos, visitar a los amigos, ir a un potencial trabajo, llevarle a Gaby a la uni, viajar por Dinamarca... Aún así hubiéramos dependido siempre del coche y seguiríamos sin poder ir a un bar un día cualquiera y tomar alguna birra de más. Por no mencionar que nuestra modesta situación económica no daba para ningún lujo de esa categoría. Para lo que sí daba era para un apartamento más caro. Estábamos dispuesto a pagar el doble si fuera necesario, así de desesperados estábamos. Mudarse de Gladsaxe también significaba no tener que ir al puto *jobcenter*, por lo que vi con buenos ojos el cambio.

Josephine, compañera de Gaby en Brioche Dorée se había mudado recién a la torre que se estaba construyendo cerca de la estación de Nørrebro desde que me mudara a Dinamarca. Cada vez que la veía siempre pensaba, "buah, seguro que es carísimo y los que viven ahí son todos ricos".

En lo de que era caro no me equivocaba, en lo segundo sí. Resulta que los primeros 9 pisos de la torre están dedicados a estudiantes y Josephine nos había dicho que aún había muchos vacíos. Solicitamos varios y a la semana siguiente ya habíamos firmado el contrato. ¡Qué emoción! Tras un año y nueve meses viviendo en el culo del mundo, nos mudábamos a Nørrebro, el barrio más *cool* del mundo según la revista Time Out. Donde hay bares, restaurantes, metro, tren y bus, y muchos bazares que hacen las veces de verdulería, frutería, carnicería, panadería (pan de pita, eso sí) y hasta pescadería.

El miércoles uno de octubre recibimos las llaves en la recepción por parte de Stina, la persona más borde que me haya echado a la cara nunca. Los encargados/manitas en Kagså eran personas maravillosas como Søren, que vivía en un barco en Østebro, o Allan que siempre echaba una mano cuando tenías un problema. Stina, al contrario, era la persona menos amable del mundo. Habiendo pagado un depósito, una cantidad respetable por cualquiera, nos creíamos dignos de un trato conforme. No así Stina, que poco menos que nos tiró la llave, nos hizo firmar y puerta. Ni nos enseñaron la casa ni nada. Muy impersonal. Desencuentros a parte, el piso estaba muy bien. Éramos los primeros en habitar la casa, por lo que todo estaba nuevo. Era el segundo piso de los 29 de la torre Nordbro. Eramos, por tanto, de los pocos afortunados que no dependían del ascensor en el edificio.

Nos mudamos ese mismo día primero de octubre con una furgoneta amarilla mostaza de correos. Gaby llevaba dos semanas haciendo cajas de las ganas que tenía de mudarse. El domingo estuvimos en Kokkedal, con Morten y nos dejó su furgoneta gigante que usaba para trasladar el prototipo del su diseño de propulsor. Al final pasamos toda la tarde en casa de Morten, Eli y Emil. Emil es majísimo y monísimo, como diría Gaby. Eli estaba encantada de poder hablar algo de castellano y contarnos un poco sobre su vida. En Cuba fue juez, pero lo dejó todo cuando fue invitada a Barcelona por una familiar. Sí, para poder salir de Cuba necesitas una invitación de alguien en el extranjero. Allí conoció a Morten y al tiempo se vinieron a Dinamarca, donde se casaron. De jueza a camarera, así de dura es la vida. Pasamos una tarde muy agradable. Habíamos pensado que íbamos a llevarnos la furgo nada más, pero terminamos pasando más de 5 horas con ellos.

Al día siguiente nos dispusimos a cargar la furgo. Era bastante gracioso ver como los carteros se quedaban mirando la furgoneta, como pensando "¿le tocaba a otro cartero venir a Kagså hoy?". La noche anterior la cargamos con todo lo que pudimos que a su vez pudiera ser levantado por los dos. Calculamos que aún quedaba otro viaje. Es increíble la de mierda que se acumula casi sin querer.

Entramos al apartamento y olía a nuevo. Nos pareció más pequeño que el plano que habíamos visto en internet. Por mucho que el contrato diga que la casa tiene 49m^2, no pude encontrarlos todos. Y eso que la renta no era nada desdeñable, unas 8500kr al mes, lo que viene a ser unos 1,150€. Habíamos doblado la renta y reducido el numero de metros a casi la mitad. A simple vista no parecía un buen cambio. Sin embargo, ganamos tantito en felicidad.

LEJLIGHED NR. 5 - 2. SAL
49 m² · 1 soveværelse
Type A2

Descargamos la furgoneta entre los dos. Por suerte no hubo mucho movimiento aquella mañana en el edificio por lo que pudimos subir todo bastante rápido. Acto seguido tome la furgo para ir a buscar a Jorge en el "ring". Gaby se quedó en el nuevo apartamento ordenando mientras Jorge y yo nos encargaríamos de *heavy stuff*. A *Yorch* le flipó la "churgo". Era altísima y el techo translúcido por lo que lo hacía más fácil. El motor le daba buena leña y conduciendo desde tal altura me sentía camionero. En la parte trasera había una ventana por lo que se podía usar el retrovisor interior sin problemas. Dejamos el apartamento de Kagså casi vacío y volvimos a nuestro nuevo barrio. Alrededor de las 2 de la tarde habíamos acabado e invitamos a nuestro querido amigo (gracias de nuevo por aquella mudanza) a una buena hamburguesa en nuestro nuevo lugar de confianza, Yolkie Egg Joint en Jatvej al que me había llevado Paul una vez.

Devolvimos la furgoneta a Morten y volvimos de Kokkedal en tren. Estábamos desfallecidos. El día había sido larguísimo pero éramos felices. Dormimos nuestra primera noche en la torre. Antes cocinamos algo sencillo en nuestra nueva, pequeñita cocina. Qué contentos estábamos de poder hacer la compra a la vuelta de la esquina, aunque fuera un Netto también. La cama nos sentó de maravilla pese a no tener somier, pues habíamos decidido comprar uno nuevo. Al día siguiente, por segundo día consecutivo no tenía que ir al *jobcenter*. Imaginadme sonriendo mucho. Nos tomamos el jueves libre y el viernes volvimos a Kagså a limpiar.

En esas andábamos pasando la aspiradora, barriendo o fregando la cocina cuando mi móvil sonó. "Hi Borja, this is Bogi". El corazón me dio un vuelco. Por suerte habíamos dejado una silla para poder pintar la zonas altas. Me senté en la habitación vacía, que hacía un eco terrible aquel 3 de octubre, San Francisco de Borja que nunca nadie me felicitó más que un señor por la calle cuando oyó a la Ama gritar mi nombre mientras me echaba la bronca cuando era niño.

Bogi me ofreció el puesto y un sueldo bruto de 37.500 coronas más pensión. Qué felicidad, cuántas emociones en tan pocos días. Adiós al *a-kasse*, agur al *jobcenter*, *acabose* el paro. Tan solo mes y medio después de presentar la tesis me habían ofrecido trabajo. Acepté verbalmente al momento aunque tardé una semana en firmar el contrato pues quería que IDA[1] me lo revisase. Te asisten en entender las clausulas del contrato y te asesoran sobre el salario en función de la experiencia, puesto y sector.

"When would you be able to start?" Una impaciente vocecilla interior gritó "¡el lunes mismo!". Antes de abrir la boca reculé y pensé bien mi situación. Le dije que me acababa de mudar y que necesitaba pintar la casa anterior la semana que viene, por lo que no prefería empezar más tar-

---

[1]Ingeniørforeningen i Danmark, algo así como un asociación de ingenieros

de. La semana posterior tenía un viaje cogido de antemano, de antes de saber que nos mudábamos incluso. Bogi lo aceptó por lo que quedó el 21 de octubre lunes como mi primer día. Un poco de vergüenza me dio comunicarle que el viernes de la primera semana de trabajo volaba a Donosti, viaje que también había planeado hacía tiempo.

Un sosiego absoluto se extendía sobre mi cuerpo. Flotaba. Todas las preocupaciones se desvanecieron de golpe. Íbamos a poder pagar el nuevo apartamento sin apuros, podría visitar a los Aitas más a menudo, y hasta jubilar mi bici. Tras una fase de incredulidad pasé a un sentimiento de recompensa, de logro, de que todo el trabajo durante estos años había dado su fruto. Con ese regocijo seguimos limpiando, y fregando, y rascando, y sacando toda la mierda que no era poca. En Dinamarca la gran mayoría de apartamentos se alquilan vacíos. Es más, suelen estar recién pintados y a veces el suelo recién acuchillado. A la hora de dejar un piso, se hace una inspección para ver qué es lo que hace falta renovar si no lo ha hecho el inquilino. En nuestro caso estábamos dispuestos a pelear por la última corona por lo que pintamos nosotros mismos. Sobre todo yo, porque Gaby tenía turno muchos días antes de las vacaciones de octubre y los días que tenía libres me convencía para no ir hasta Kagså.

Pinta pintando andaba cuando me sonó el teléfono. Esta vez era FLSmidth y querían hacerme una entrevista, la que hubiere sido la cuarta. El tipo fue muy majo y pese a declinar su oferta, me animó a llamarle en unos meses si no me gustaba mi nuevo puesto. El puesto era de *commissioning engineer* y requerían hablar castellano o francés. No hubiese sido mal curro aunque hubiera supuesto viajar muchos días al año a Iberoamérica o África. Y seguí pintando. Va a pintar el techo su prima, joder qué dolor de cuello.

El viernes 11 de octubre devolvimos las llaves y tuvimos, bueno tuve, pues Gaby estaba en el trabajo, la fatídica inspección. Duró menos de 15 minutos revisar el trabajo de muchas jornadas, aunque casi mejor. Me preguntó a ver si había pintado yo mismo para felicitarme :) Una cosa menos. Recibiríamos el depósito completo y cerrábamos así el primer capítulo de nuestra vida en Copenhague, o en Herlev mejor dicho.

Al día siguiente volamos a Berlín para encontrarnos con Mikel, que trabaja en Baviera. Por cierto, mientras escribo estas líneas quedan apenas dos semanas para su boda con Andy. De hecho aún no me ha llegado el traje y no se si me entrará. En 2019 seguro que me entraba. Estaba guapete. Al menos eso me dijo Mikel, quien nunca tuvo una mirada objetiva sobre mí. Lo pasamos genial visitando Berlín con él como traductor oficial y hasta cenamos en un venezolano. Tras unos días tomamos un Flixbus que nos llevó a Praga, esta vez solos y además separados. Cada uno con un chino al lado, el mío era mejor chino porque no hacía ruidos raros con la garganta. En fin.

El airbnb era muy cuco y estaba al lado del metro en Anděl al sur de Malá Strana. Había estado en Praga 10 años antes y me espantó lo que se había encarecido, la de turistas que habían proliferado, sobre todo chinos, y la de tiendas para turistas que había. Pese a este turismo de masas que tanto nos gusta, pasamos unos días fantásticos en la preciosa Praga de Kafka, de cervecerías checas y tranquilidad. El domingo estábamos ya de vuelta, era 20 de octubre y debía descansar bien. Dejé la bici en la estación de Brøndbyøster para ahorrarme una buena caminata al trabajo. Al día siguiente iba a empezar mi carrera como ingeniero.

Capítulo VIII

Tubos gordos

Zapatos, pantalones y camisa planchada. Ese fue el *outfit* de la primera semana. El lunes tuve cuidado de no manchar la gabardina larga beige del "inspector gadget" con el marco de la bici. Estaba nervioso. Tome la línea F de tren en Nørrebro hasta Danshøj y de ahí la B hasta Brøndbyøster. Desde la estación aún faltaban 2km hasta NOV, por lo que la bici evitaba unos 20-25 minutos de caminata. Esta sería mi rutina dos veces al día a partir de ahora.

Pocos minutos faltaban para las ocho y media en la que me habían citado cuando saludé a la recepcionista. Vinieron en mi busca Bogi y René, mi *buddy*. Me acompañaron a la oficina de nuestro departamento y me presentaron al equipo. Me dieron un tierno ramo de flores de bienvenida que me parecieron parte de una broma. Nada más lejos, en Dinamarca muchas empresas reciben a sus nuevos empleados con un ramo de flores.

Cuando aún no había ni siquiera ajustado mi silla, fuimos todos a una sala de reuniones donde desayunamos en mi honor. Se presentaron de uno en uno comentando la nacionalidad y cuanto tiempo llevan en NOV. Así supe que había ido a parar a una empresa muy internacional. Representando a Dinamarca estaban René y Fie, de Sophie, Bogi es de las Islas Faroe, Helle, quien terminaba su contrato a final de mes, iraquí, Damir bosnio, Ricardo brazilero, Nikos griego, Baptiste francés y Sergio santanderino. En otros equipos había de todo, una croata, una colombiana, una venezolana, rumanos, islandeses, una afgana, italianos, un libio, una egipcia, un argentino... Parecía aquello la ONU.

Desde el primer momento me sentí muy a gusto. Estaba encantado de dejar la universidad a un lado y comenzar a ser útil. Feliz de dejar la vida estudiantil atrás y trabajar en una empresa con gente joven y tan buen ambiente. A la tarde enganché las flores a la parrilla de la bici y volví a casa. No sé que pensaría la gente en el tren al verme tan elegante y con el ramo de flores. A mí me dio algo de vergüenza. Por cierto que gracia que en América le dicen pena a la vergüenza. Gaby pensó que se las había comprado, de hecho así se lo hice pensar. Después rompí el hechizo contándole que eran parte de mi bienvenida. Le gustaron igualmente. Así comenzó mi vida laboral.

NOV tiene únicamente dos competidoras en el mercado de *flexibles*, la francesa Technip y la inglesa Baker Hughs. La feroz competitividad llevaba a altas medidas de seguridad para evitar el espionaje industrial. Del mismo modo, estas empresas quieren evitar que los trabajadores se vayan con la competencia. Y es por esto que mi contrato contenía una cláusula que especificaba que no podía trabajar para ningún otro empleador. Cláusula que no respeté pues durante un año tuve dos trabajos.

Unas páginas más arriba os hablé de Morten que me había dejado la furgoneta de correos para la mudanza. Y es que

estaba muy agradecido por el trabajo que había hecho durante la tesis. Incluso escuchó mi presentación a modo de preparación para la defensa para darme *feedback*. Nuestra relación se mantuvo más allá de la tesis y me ofreció seguir trabajando juntos, de manera informal y como pacto de caballeros. De este modo yo podía seguir usando StarCCM+[1] y Morten conocería mejor su propulsor en distintos tamaños y velocidades.

Morten nos invitó a finales de agosto a todos los que habíamos colaborado en su proyecto a su oficina en el puerto de Nordhavn. Allí conocí a quienes le habían guiado en la electrónica y el sistema eléctrico del propulsor, a sus dos amigos que le ayudaron a montar la empresa Esmar Engineering, y también estaba Henrik, mi supervisor. Nunca me sentí en un entorno más danés, hablando o intentando

---

[1]StarCCM+ es el software de CFD, Mecánica o Dinámica de Fluidos Computacional, de Siemens y es quizá el mejor que hay. Otro de los grandes es Fluent de Ansys y de código abierto cabe mencionar el cada vez más popular OpenFOAM.

hablar danés, comiendo smørrebrød y tomando *snaps* Aalborg. Volvía en bici a casa y pensaba en la suerte de haber conocido a Morten y su propulsor, pues me abrió la puerta de la cultura danesa y de los daneses más allá de lo que pude ver en el bar. Lo más cerca de la dichosa integración.

Durante las fatídicas semanas del *jobcenter* quedamos algunas tardes y hasta grabamos algún vídeo promocional mareando una simulación del VanishProp para anunciar el propulsor. Además entregamos la tesis a Siemens para la conferencia anual de productos de simulación *Simcenter Conference* por si había suerte. Para nuestra sorpresa, fuimos seleccionados a las dos semanas. En diciembre acudiríamos a Amsterdam a presentar nuestro trabajo frente a los desarrolladores del propio software y muchos expertos en el tema. Pero no nos adelantemos, pues acababa de empezar en NOV.

El primero de noviembre empezaron tres nuevos compañeros. Nikolaj ya trabajaba en NOV pero en el departamento de ejecución y vino a PSD Sales en busca de una proyección más rápida. Ay... pobrecito, cómo se arrepintió de haberse ido... Los otros dos nuevos eran Marco y Thomas. Los tres habíamos coincidido en *Refrigeration* en el primer semestre del máster y, casualidades de la vida, ahora íbamos a trabajar en el mismo equipo. Casualidades de la vida. Thomas y yo teníamos el mismo *background* de ingeniería mecánica, mientras que el bueno de Marco había estudiado *petroleum engineering*, idóneo pues para el puesto. Por tanto, fui el nuevo por menos de dos semanas. Marco también había vivido en Kagså e incluso habíamos jugado a fútbol alguna vez. O sea que algo ya lo conocía además de por la uni.

A Thomas le había tratado menos, pero parecía un tipo majete. Las primeras semanas codo con codo cambiaron mi percepción para comprender que era más raro que un perro verde. Su condición de imberbe le da un aire mucho más juvenil pese a ser de la misma edad que yo. Sin embargo, se empeñaba en vestir todos los días la misma camisa azul, pues tenía 5 iguales. La llevaba por dentro, muy formalito. Hasta aquí todo bien. Lo raro viene cuando iba de lado a lado de la empresa a todo correr, en ese paso de marcha que tan poco favorece. Alguna vez le quise hacer una pregunta y me dijo que no tenía tiempo, que estaba muy ocupado. Y no llevaba más de tres semanas. Tenía la sensación de que voluntariamente estaba haciendo un esfuerzo por no entablar amistad conmigo, ni con nadie. Estábamos Sergio y yo algo preocupados por él. Se iba a quemar. Trabajaba mucho y siempre se llevaba el portátil a casa donde trabajaba un poco más. Qué extraño. Los daneses no suelen ser de trabajar más de las horas, sino de todo lo contrario.

Al tiempo Thomas confesó que quería causar buena impresión durante los 3 primeros meses y era por eso que trabajaba tanto. Y es que casi todos los contratos laborales tienen un periodo de tres meses donde el contrato se puede romper por cualquiera de las partes. Sin embargo, esta cláusula no nos debía inquietar en una empresa en la que hay tanto trabajo por hacer. Él no lo entendió así, aunque al final se relajó y tomo el trabajo como lo que es, trabajo, y comenzó a dejar el portátil en la oficina, como yo siempre había hecho. Tras el bache inicial, nos hicimos buenos amigos y trabajábamos muy bien juntos.

Era curioso que fuera Thomas, el danés, el que venía con la mentalidad del sur de Europa, mientras que yo, el sureño, intentaba entender la vida laboral como la hacía los daneses, con algo más de rigor en el horario eso sí. Una de las razones es que la madre de Thomas es brasileña. El cabrón de él entendía más castellano del que decía y a saber qué burradas de las que Sergio y yo dijimos entendió. Por algún motivo, escondió su origen brasileño, tanto en el colegio como en la uni. Incluso en la entrevista de trabajo, no mencionó que hablaba portugués, cuando este idioma es muy requerido por el gran volumen de proyectos con Petrobras en Brasil.

No tardé mucho en darme cuenta que algunos daneses se iban muy temprano de la oficina. Yo solía llegar entre las ocho y media y las nueve, por lo que me correspondía marcharme entre las cuatro y media y las cinco. Mucho se marchaban a las tres o tres y media, por lo que supuse que llegaban también muy temprano. ¡No, amigo mío! Que va. Llegaban eso sí, antes que los demás, lo justo para que no pudiéramos hacerles la cuenta de las horas. Una mañana llegué a las siete y media y no había nadie. El que se solía ir temprano llegó más tarde y cuando se fue hacia las tres dijo que se llevaba el ordenador para hacer el paripé. Anda cuidados. Si es que a mí me daba igual a que hora se fuese. De hecho, había quien era muy eficiente y se marchaba antes porque había entregado a tiempo lo necesario. Pero es que los que más temprano se iban coincidían con los que menos hacían. Ahí me di cuenta de por qué había tantos extranjeros en mi departamento. No hay tantos daneses dispuestos a tan grande carga de trabajo.

Sergio lo denominaba "the game". El juego consistía en hacerte tu puesto, en convertirse imprescindible en un ámbito pequeñito del negocio, para poder hacer lo mínimo posible sin peligrar tu puesto de trabajo. Jugar a "the game" puede ser peligroso si en algún momento te vuelves prescindible, o se destapa lo poco que trabajas. Había quien pasó de hacer el mismo trabajo que yo a desarrollar de herramientas, *tool development* whatever that means, donde se le hace más difícil a Bogi calcular el tiempo necesario para una tarea.

Entre los extranjeros pocos jugaban al "game" y menos en mi departamento, pues siempre estábamos hasta arriba. Ese era el principal motivo por el que nos molestaba que algunos fueran tan vagos. No nos hubiese importado si estuvieran en R&D o en innovación, pero estaban a escasos metros de nosotros, los de las horas extras, los de los *deadlines* infernales.

PSD Sales era el departamento donde siempre había trabajo por hacer. La principal tarea de mi jefe era dirimir qué proyectos dejaríamos de lado y no pujaríamos por ellos. Las empresas productoras de gas y petróleo abrían sus licitaciones y nosotros mandábamos nuestra propuesta. El departamento de ventas, con el teníamos una relación de amorodio (un poco más de odio que otra cosa), de mutua necesidad, estaba separado por zonas geográficas. Los de ventas también se titulaban como *proposal engineers* y colaborábamos con ellos en cada proyecto. Primero nos reuníamos para acordar una visión general del proyecto. Cuántas tuberías hacen falta, cuál es la estrategia en este proyecto, para cuándo hacen falta los diseños, etc. Después nos dedicábamos a leer todos los documentos de especificaciones, el *metocean* (información sobre del mar en el lugar de instalación), y regulaciones varias. Tras esto diseñábamos las tuberías y hacíamos tanta ingeniería como era necesaria para reducir el riesgo del proyecto a lo acordado en la estrategia. Por lo que a veces los diseños estaban listo en un par de días o podían tomar meses de largos cálculos y comprobaciones.

Para el diseño contábamos con *softwares* hechos en la propia empresa y estábamos en contacto constante con fabricación para comprobar si esto se podía fabricar o no. Jugábamos con los límites de lo posible pues el mercado es altamente competitivo. Ahí entra la presión a la que nos sometían desde ventas y la capacidad de poner límites a tu trabajo, a la cantidad de trabajo. El saber decir "NO", comunicar a tu jefe la decisiones importantes así como entender cuando tocaba hablar con cada quien. Todo esto lo fui aprendiendo poco a poco.

Quien más me enseño fue Sergio. Santanderino y casi una década más viejo que yo, había empezado a trabajar un año y medio antes que yo. Previamente había estudiado un máster en nanotecnología en Aalborg y dado muchos tumbos por aquí y por allá hasta caer por NOV. Sergio se preocupaba mucho por nosotros, los nuevos, más que de sí mismo. En efecto repetía siempre que él era el ejemplo de lo que no había que hacer. Su estilo dicharachero del sur de Europa creaba un ambiente distendido, pero descuidaba su propio balance laboral-personal trabajando demasiadas horas. Se hacía de menos y bromeaba mucho de sí mismo hasta que a veces notaba que le perdían el respeto y le tomaban como un payaso. Entonces se ponía serio, tomaba distancia e intentaba no intimar con los compañeros. Después se le pasaba, encontrando finalmente un equilibrio.

Charlábamos mucho en la oficina y nos ayudábamos en todo lo que podíamos. Hablábamos también de política. Me contó que estuvo en un círculo de Podemos de *expats* en Aalborg, pues allí estaba cuando pegó fuerte. Hacía bromas de la pureza de mi sangre vasca y de mis tendencias independentistas. A ratos pareciera que prefiriera ser vasco, como si esto diera más pedigrí que ser cántabro. La idealización de parte de la izquierda de la liberación de los pueblos míticos es curiosa en España. Diría yo que se debe a la asociación de la unidad nacional con Franco y la derecha mientras que la izquierda parece más cercana al derecho de auto-determinación de los pueblos y el derecho de secesión. Esta curiosa inversión solo se da en España. En el resto del mundo el nacionalismo secesionista es siempre de derechas. De hecho, el derecho de secesión tiene un origen claramente liberal. Mientras que la izquierda desde los jacobinos se han dedicado a centralizar todo, con Francia como paradigma o el Kremlin en la Unión Soviética, poder central absoluto e incontestable de tantas naciones aplastadas.

Yo le contaba que había votado a Bildu y a Podemos anteriormente, pero que ya no pensaba en votar a nadie. Abstencionista activo por influencia trevijanista. Y le explicaba los motivos por los que ni España y Dinamarca eran democracias. Y me escuchaba atento, con interés. Compartía con él todo lo que aprendía y escuchaba que me pareciera interesante. Viendo mi historial de youtube de aquella época es claro y palpable que bajó mi consumición en los dos primeros meses de trabajo. Más tarde desarrollé la capacidad de escuchar algún *podcast* mientras diseñaba buenas tuberías.

Recuerdo preguntarle a Sergio a ver si conocía el canal de Youtube *Visual Politik*, pues últimamente había visto algún que otro video. Los de *Visual Politik* sueles sacar vídeos de unos 15-20 minutos sobre algún tema de actualidad política y económica de cualquier parte del mundo. Suelen comenzar con un poco de historia y presentan la actualidad de un problema. Después se preguntan las causas y van a los datos para explicarlos. En uno de sus vídeos explicaban el concierto vasco, el primero que vi, y a pesar de no estar del todo de acuerdo, me pareció que lo explicaban bastante bien y que se seguía sin dificultad. "Ufff, esos son muy liberales, ¿no?", me dijo Sergio. "Sí, pero suelen hablar de temas interesantes". Sin yo saberlo en aquel momento ahí radicaba la principal diferencia entre Sergio y yo. Podríamos pensar parecido en muchos temas políticos, podríamos incluso votar al mismo partido, decir las mismas soflamas políticas y tener los mismos adversarios políticos, sin embargo yo estaba abierto a escuchar distintas opiniones. He de decir que lo hacía con precaución, sabiendo de que pata cojea el que me habla, pero aún así lo veía con interés, con intención de aprender, ya sea por rebatir lo que se me está contando. "Ufff, esos son muy liberales, ¿no?", liberal usado como insulto.

El segundo es Fernando Díaz Villanueva a quien llegué a través de una entrevista que le hizo a Antonio Escohotado en su programa de radio, aunque lo suba a su canal de youtube. Díaz Villanueva es periodista y desde hace cuatro años graba su programa diario llamado la Contracrónica. De lunes a jueves trata un tema de actualidad y los viernes uno historia. Hoy en día escucho su programa todos los días y me encanta. En aquel entonces me caía fatal. No aguantaba su tonito de voz que evocaba al NODO. No sabía que no era más que una especie de broma que usa en la introducción cada programa. Por suerte, también tiré la puerta abajo y dejé a un lado la prejuiciosa primera impresión.

Me pregunto ahora cuántas personas dejé de conocer por mis prejuicios ideológicos. Cuántos puntos de vista deseché, denosté e ignoré por racismo ideológico. Cuánto dejé de aprender por vivir en una burbuja, en un cordón sanitario cómodo y prístino. Me consideraba, por el contrario, una persona muy abierta. No lo era. Categóricamente no. Un arrogante es lo que era, y elitista ideológico, que hacía de menos a los que no pensaban como él. Por suerte, miro atrás y me alegro de haber cambiado. Sin estar libre de estos prejuicios del todo, creo entender mejor el porqué de las ideologías y pensamientos de la gente. Y mucho más importante, intento evitar por todos los medios que alguien me caiga mal o mejor por sus ideas políticas. Al fin y al cabo, las ideas de cada uno no son si no reflejo de las lecturas y vivencias propias. El que no piensa como yo quizá sea que no ha leído a Escohotado o Ernesto Castro (siguiente capítulo), o no ha escuchado a Bastos o Huerta de Soto. Ni nunca lo va a hacer. A su vez, yo tampoco he leído a Piketty ni Keynes y no creo que los vaya leer en un futuro cercano. Ni a Chomsky, ni a Habermas o Marcuse. No pasa nada. Tampoco nací en los sesenta ni viví en una dictadura formal. Por lo que al final de todo esto, lo que quiero decir es que lo que más me atrae son las personas con curiosidad y mente abierta, dispuestos a cambiar de opinión. Estas virtudes son escasas y suponen escuchar y preguntar más que hablar y responder. Así que a ver si me aplico el cuento.

En noviembre viví mi primera *julefrokost*[2] de empresa. Nunca acudí a las de Tapa del Toro sobre las que no oí nada bueno. Albert siempre intentaba marcharse antes de que aparecieran las rayas encima de la mesa. Es lo que tiene la hostelería. En NOV no vi cocaína, no por que no la hubiera si no porque iba muy ciego a causado por la barra libre, que la carga e diablo. Fui de traje a la cena de empresa como tantos otros. La cena, muy danesa, no estuvo a la altura

---

[2] *Jule* es navidad en danés y *frokost* es comida. Los daneses le llaman *julefrokost* a más celebraciones que la semántica permite. En este caso se refiere a la cena de navidad de la empresa.

por lo que la barra libre hizo estragos. Lo pasamos genial y hasta nos sacamos varias fotos en el fotomatón con Mike el presidente de la empresa, que por cierto dio un discurso muy americano durante el postre. Nos echaron por fin y esperamos fuera a que todo el mundo saliera. La temperatura era negativa, como casi todo lo que puede suceder en una cena de empresa a las 2 de la mañana.

Damir gritaba fuera de sí mientras lo sacaban a empujones. "¡Gå væk!, ¡gå væk!", gritaba. Algo había pasado, algo grave para que la persona con la que estábamos bromeando durante la cena estuviera completamente ido. No volví a ver a Damir quien fue fulminantemente despedido por agredir a un compañero de trabajo. Le pego un puñetazo al canadiense, quien no tuvo consecuencias por reírse de Damir y la guerra de Bosnia. Un tema muy delicado para éste, pues de allí salió con 18 años y como refugiado llegó a Dinamarca. Era palpable que la guerra le había marcado de por vida. El agredido debió hacer alguna broma al respecto y se llevó un regalito.

Así, de golpe y porrazo, se esfumaron 15 años en una misma empresa en la que lo había sido todo para ser despedido sin compensación por una mala noche. Como bien dice Sergio, "en las cenas de empresa hay poco que ganar y mucho que perder. Yo por eso no voy". Es mentira, pues no se pierde una. A la semana siguiente todos los proyectos de Damir fueron repartidos entre Thomas, Sergio y yo por lo que tuvimos que espabilar a hostias.

El tres de diciembre Morten y yo nos fuimos a Amsterdam a la *Simcenter Conference* de Siemens. El 3 de diciembre es el día del euskera por ser San Francisco Javier. Entre el viaje y la conferencia se me olvidó felicitar al Aita. De todos modos él nunca me felicitó el santo, así que no se enfade. A ver si San Francisco de Borja, también jesuita, es menos santo que San Francisco Javier, que a saber qué hizo con las indias y las del sudeste asiático.

Morten costeó los vuelos y el hotel con el pretexto de publicitar su propulsor. En realidad se sentía en deuda conmigo, porque poca publicidad pudo hacer durante la conferencia. Ésta duró tres días, participamos los dos primeros y presentamos en el segundo. Estaba muy nervioso, todo el mundo parecía muy profesional y yo apenas había terminado la universidad. De todas las presentaciones a las que atendí ninguna fue encabezada por un estudiante de universidad. Al final del primer día usamos una sala vacía y ensayé la presentación ante Morten. Me fue terriblemente mal. Me dio algún consejo y decidimos dejarlo por hoy.

Cenamos en un indio y fuimos a tomar algo después a un bar cerca del hotel. Estuvimos charlando de política, sobre los impuestos, la derecha, la izquierda, la socialdemocracia, etc. Morten se declaraba liberal, más aún teniendo en cuenta todas las trabas impositivas que estaba encontrando para sacar su propia empresa adelante. Según él, el liberalismo no se puede colocar en la regla izquierda-derecha, mientras que yo los tildaba de derecha peligrosa. Le dije que estaba más a la izquierda que la socialdemocracia, "como su amigo Stig" me dijo. Cuando el cansancio arreciaba, Morten cerró la conversación del siguiente modo: "*did we save the world?*" Sin duda no terminamos poniéndonos de acuerdo, pero al menos nos escuchamos el uno al otro.

Intento entender al Borja de finales de 2019 a través de aquella conversación. De boquilla se decía casi comunista, "comunista de Starbucks", como diría Gaby, pijoprogue en castellano. De acción trabajaba en una empresa petrolífera, capitalista como la que más, y ésta me estaba pagando un sueldo con el que me había mudado al centro. A pasos agigantados estaba dejando la vida estudiantil atrás y de vez en cuando invitaba a Gaby a algún restaurante. Algo impensable durante los dos años anteriores. Seguía escuchando la Voz de Iñaki, muchos programas de la SER, a Broncano en la Resistencia, a Buenafuente... Sin embargo, cuando más disfrutaba era cuando aprendía del "contrario". Los vídeos de Visual Politik, los programas de Juan Manuel de Prada, los de Dragó o las magistrales lecciones de Escohotado. Algo se movía dentro de mí, se gestaba un cambio que no quería aceptar aún.

Finalmente llegó el momento. Durante la exposición del anterior conferenciante la sala había ido llenándose poco a poco. Sabía que el título de mi conferencia era sugerente y prometía. La sala estaba casi llena con alrededor de medio centenar de personas. Me había pasado la última media hora bebiendo agua, pues al parecer calma los nervios. Tu cerebro biológicamente programado entiende que si estas bebiendo agua el león no te está persiguiendo. Finalmente fuimos llamados, y como habíamos acordado, Morten presentó brevemente su compañía y propulsor para después darme pie a mí. Tartamudeó, no se le entendió muy bien, y no estuvo nada cómodo. Nos reímos después cuando irónicamente confesó que lo había hecho a posta para que me sintiera más tranquilo, que peor que él no se podía. Sea como fuere, la presentación fue genial. Miré al público, creé tensión mostrando un problema irresoluto para colmar la presentación con la solución final, el descubrimiento que hizo de la tesis un éxito. Miraba a los ojos de los oyentes, intentaba transmitir como me sentí durante los momentos duros de la tesis, que empatizaran conmigo. Podía ver como brotaban la sonrisas en sus caras, relajadas al escuchar una historia bien contada, tras dos días de temas interesantes pero ponentes infumables. Mejor imposible. Me hicieron varias preguntas, incluso alguna por parte de los involucrados en escribir el software. Aproveché incluso para criticar el mellado de sólidos y los tipos de celdas disponibles (jerga de CFD, ni caso). Crítica que compartió la trabajadora de Siemens. Me prometió incluso que la siguiente versión contaría con mejoras al respecto. A lo que respondí un poco chulo, *"yeah, we've heard that before"*. ¿Pero de qué va el niñato este dándoselas de que se sabe en una sala llena de ingenieros de CFD especializados en ingeniería naval? Siempre he tapado mi ignorancia con confianza en mi mismo. Por ejemplo, jugaba con un boli en los labios como si un cigarro, con el brazo apoyado en la silla de al lado para transmitir confianza, "sobradez" si se puede decir esa palabra. El mostrarme confiado me tranquiliza y prepara ante cualquier prueba, mientras otros resoplan y repasan la lección frenéticamente. Pareció funcionar a juzgar de la risas de algunos oyentes.

Cerramos la jornada con un paseo en un barco gigante por algún canal de Amsterdam donde nos proveyeron de cena. Este fue el broche final a la conferencia de la cual me fui muy contento. Había presentado en la prestigiosa *Simcenter Conference*, llevaba trabajando tres mes y me acababa de mudar como quien dice. Así le resumí qué tal me iba a mi *izebas* y *osaba* cuando volvimos a Donosti a final de año a pasar las navidades. Eran las segundas navidades de Gaby en casa de los *aitas*. Poco a poco fui dejando de llamarla mi casa, *home*. Porque *home* ya no estaba en Donosti, si no en Nørrebro, Copenhague, donde vivíamos los dos. En aquel pequeño apartamento, pequeño pero nuestro. Al que volvimos antes de fin de año tras disfrutar de Santo Tomás con los amigos, Nochebuena y Navidad en familia. Tomamos una buena ración de churros con Oier y paseamos incansablemente por toda la ciudad. Aprovechamos, eso sí, una escala de 10 horas para disfrutar un día Lisboa. Que maravilla poder pasar un 29 de diciembre a 22 grados. Y nunca se nos olvidará la *cataplana de marisco e langosta*, una caldereta de marisco con arroz, que nos metimos entre pecho y espalda en María Catita (¡muy recomendable!). Solo por esto mereció la pena lar larga escala.

Capítulo IX

Ernestro Castro

Celebramos la nochevieja en el ring. Llevamos un par de botellas de vino y un sobre de jamón de la Bretxa[1]. Nos juntamos unos quince para cenar en casa de Paul, Dani, Yeray y Soléne. Los amigos son un tesoro y así de afortunados nos hicieron sentir aquella nochevieja tan lejos de nuestras familias. Qué buena gente.

Tras la cena, guardamos el calor interior que nos dio el vino para cerrar el año en el Røkilde Park desde donde vislumbramos el cielo iluminado de Copenhague. Iluminado por los cientos, miles de fuegos artificiales que los daneses tiran. Prendimos también alguno nosotros. Gaby y Camille pusieron a Luis Miguel a todo trapo en un altavoz. Imaginaos, a 15 personas con temperaturas negativas, brindando por el año nuevo y cantando "la bikina". Así cerramos el 2019, un numero feo, que parece primo pero no lo es. Puede ser dividido por 3 y por 673 además de la unidad y sí

---

[1]La bretxa es el mercado de la parte vieja de Donosti, donde los ingleses abrieron una brecha en la muralla antes de "librarnos" de los gabachos y quemar la ciudad.

mismo. 2020 sonaba mejor, un numero bien redondo, año olímpico.

Uno de mis propósitos para el nuevo año era leer más. Apenas había leído durante la carrera en Donosti. Cuando regresé a casa por navidad a finales del 2017 me llevé conmigo el *ebook* de la Ama con el propósito de leerme *Sapiens* de Harari. Leí un par de libros más en 2018, poca cosa. Durante el año que acabábamos de cerrar pude añadir algún que otro a la escueta lista. Nueve títulos multiplicaban en tres a los del año anterior. ¡Bueno! Algo es algo. Para el nuevo año me propuse leer alrededor de un par de libros al mes. Antonio Escohotado me había marcado y este fue para mí el primer intento de emular su hábito de lectura, por otro lado inalcanzable. Escohotado, un sabio, con su vida ya hecha, con una disciplina de trabajo inmensa, hombre de un par de generaciones anteriores a la mía, no es una persona con la que me pueda identificar. Sin embargo, a la vez que descubrí a Escohotado, el fabuloso algoritmo invisible de youtube comenzó a sugerirme a un tal Ernesto Castro. Lo he mencionado un par de veces ya sin explicar quien era. Lo he hecho a posta, pues aquí viene su capítulo.

El 28 de julio vi por primera vez una entrevista de Ernesto Castro. El algoritmo llevaba un tiempo sugiriéndome sus vídeos pero hasta el momento me había resistido a ello. Ernesto entrevistó a Escohotado en su casa, en la Antonio, en Galapagar. Hora y media de entrevista grabada como el culo, un "*keep it* cutre" de Ignatius en toda regla. Ernesto se preparó para la entrevista leyendo toda la obra de Escohotado la semana antes. Y es que Ernesto también lee una media de 10-12 horas diarias. En la entrevista repasa toda su obra, la parte filosófica sobre todo. Mi momento favorito es cuando Ernesto le confiesa cuánto estudia al día y Escota le suelta sonriendo "qué felices somos y qué feliz vas a ser". Mientras tanto el hijo de Escohotado se echó unos cuantos porros durante la entrevista. Antonio estaba maravillado con la erudición de Ernesto, pues sabía más de su obra que él mismo. Lo tenía fresco, de la semana pasada. El merito residía en haberse leído la obra entera en siete días. Ernesto vestía además una camiseta con la cara de Jesús Maestro impresa, quien había criticado a los Enemigos del Comercio de muy malas maneras.

Esta fue la carta de presentación de Ernesto Castro. Se me mezclaron la admiración, la curiosidad y la envidia a partes iguales. Por un lado me parece admirable que un tipo de 29 años le haga tremenda entrevista en profundidad a un titán como Escohotado. Que haya leído tanto, mucho más que la mayoría de los mortales en toda su vida, antes de haber llegado a la treintena. Por el otro me intrigó saber quien cojones era este tipo. ¿De dónde ha salido este? La bendita curiosidad me llevó a su canal de youtube. Y por último la envidia, envidia de la cantidad de datos, de la profundidad en las preguntas, de la variedad de conceptos filosóficos e históricos que manejaba.

Y es que tan solo cinco años me distan de Ernesto Castro, oriundo de Madrid, 1990. Tras casi repetir algún curso de la ESO, se centró en el bachillerato y comenzó a escribir poesía. Sus progenitores son ambos profesores de filosofía. Fernando es profesor de Estética en la Autónoma de Madrid y su madre, cuyo nombre desconozco, imparte filosofía en un instituto. Siguió los pasos de sus padres y estudió dicha carrera de Filosofía obteniendo un expediente impecable. Continuó sus estudios con el máster de filosofía analítica en Barcelona. Su primer trabajo como profesor fue en la Complutense impartiendo Historia del Arte en 2016. La clase a la que él enseñaba estaba compuesta en su mayoría por estudiantes, por decir algo, que habían aprobado la selectividad en segunda convocatoria. Por este motivo muchos de ellos comenzaron a acudir a clase con el curso un mes empezado. Ernesto, para que estos pudieran engancharse a la asignatura, grabó las clases con una cámara vieja de su hermano y a subirlas a youtube. Un total de 27 clases de hora y media en la que cuidó su estética al punto de ir vestido con camisas extravagantes, como la famosa del ketchup del Athletic de Bilbao, hawaianas, africanas, de todos los colores, de traje y hasta con una tonsura estilo monje del medievo.

El siguiente curso impartió Historia de la Filosofía e hizo otro tanto subiendo los vídeos al canal. Desde los presocráticos hasta Habermas y la escuela de Frankfurt pasando Hegel y los más grandes. Un total de 61 clases al ser una asignatura anual.. Yo quedé atrapado en esta saga durante mis días en el encierro del *jobcenter*. En ocasiones no entendía del todo lo que me contaba, ya fuera por mi falta de base filosófica o por el abuso de tecnicismos del que Ernesto se curó con el transcurso de los años.

Además de sus clases, Ernesto subía a su canal muchas entrevistas a personajes interesantes como la youtuber sobre arquitectura Ter, Juan Soto Ivars, filósofos mexicanos, El niño de Elche, Carlos Blanco -en su día niño erudito que salía en Crónicas Marcianas-, el propio Escohotado, el cómico Miguel Noguera, Miguel Anxo Bastos (este salé en el siguiente capítulo), Errejón, Jose María Bellido Morillas, Carlos Fernández Liria, Antonini de Jiménez o Santiago Alba Rico. Todos ellos de tendencias políticas de todos los colores, de temas totalmente diversos para lo que Ernesto se zampaba toda la bibliografía posible como preparación.

El primer libro que le dio algo de notoriedad fue "El trap: filosofía millennial para la crisis en España" publicado en 2019. Tras entrevistar a los "cantantes" de trap más conocidos en España como Yung Beef, C. Tangana o Bad Gyal, escribió este análisis filosófico y sociológico sobre el trap, surgida, según Ernesto, a causa de la crisis del 2008.

En 2020 publica "Ensayos de estética, ética y política", una recopilación de breves ensayos sobre temas tan variados como la zoofilia, la juventud, el arte moderno o el fin de la historia. Lo leí con especial deleite, una experiencia completa, pues hoy en día además de leer un libro puedes atender la presentación en directo del autor en su canal, más un par de presentaciones en alguna librería subidas a youtube. Cualquier nuevo libro se puede convertir en un paquete audiovisual como preparación o reflexión sobre la propia lectura.

Ya en 2021, Ernesto sacó dos obras. La primera es "Memorias y libelos del 15M[2]" donde relata aquellos días de 2011 una década después. Nos da una buena imagen de como se vivió por dentro el 15M. Yo tenía 15 años cuando sucedió y recuerdo muy bien el revuelo político que supuso, la esperanza y aire nuevo que insufló, las proclamas y las nuevas formas. Parecía que una democracia real se avenía. Ernesto nos recuerda el ambiente que se vivió aquellos días desde un punto de vista crítico. Un punto de vista de quien sabe como olía Sol en mayo de 2011, de quien acampó en tienda de campaña. Por esto mismo tiene más valor su crítica a la idiotez de muchas de las asambleas interminables en las que los manifiestos escritos en consenso terminaban siendo frases de miss mundo. De proponer una educación laica, pública de calidad, solo se ponían de acuerdo de una educación de calidad, pues había quien quería una educación

---

[2] El 15M fue un movimiento ciudadano espontáneo de protesta contra la clase política que surgió el quince de mayo de 2011. Los manifestantes decidieron acampar y estuvieron más de un mes en la plaza de Sol de Madrid.

católica y otros privada. La inoperancia y lentitud mató al movimiento 15M. Ernesto nos cuenta en sus páginas que cuando las asambleas pasaron a los barrios terminaron pareciéndose a reuniones de vecinos donde el más pesado del edificio no para de hablar.

La segunda fue otra recopilación de textos de crítica cultural de nombre "Otro palo al agua". Esta vez se trataba de una reedición editada y extendida de un libro que publicó en la editorial de su tío, "Un palo al agua".

Arribando al presente, Ernesto publicó a principios de 2022 "Jantipa o del Morir", el primero de una serie de libros al estilo diálogo socrático. Puede considerarse una novela aunque es más próxima a una obra de teatro ya que es pura conversación. Conversación entre las prisioneras judías en el campo de concentración de Auschwitz. ¿Es ético matar a una persona para salvar muchas otras? Sobre este dilema gira la novela con personajes reales y coetáneos. O coetáneas debiera decir, pues todas las personajes del libro son mujeres. Cada una representa una corriente filosófica y debaten toda la noche antes de que la protagonista y monja, Edith Stein, sea conducida a la cámara de gas. Espero con muchas ganas los siguientes libros de la trilogía.

Ernesto es el filósofo de mi generación y es probable que supere en calidad y obra a muchos anteriores. Con él, a diferencia de Escohotado, sí me puedo identificar. No es un genio, no es brillante, tampoco yo, pero su disciplina de trabajo le lleva a la excelencia. Es decir, cualquiera puede llegar a su erudición si estudia 10 horas diarias. Si eres capaz de leer sin pausa manteniendo la concentración, si escribes todas las mañanas 2000 palabras en tu diario.

Como no pretendo dejar mi carrera profesional de momento, a lo más que me puedo acercar es a leer muchos más libros. Y es esta la motivación intrínseca que me empuja a dejar la superficialidad del audiovisual para mojarme y zambullirme en los libros. Ya basta de escuchar a Escohotado, de fascinarme con su oratoria, ya es hora de afrontarlo, de tomar el libro y empezar a leer.

En uno de los muchos programas de literatura magníficos de Dragó entrevistó a Alfonso Guerra. Sin ser nadie de mi devoción, hace un cálculo muy interesante sobre los libros que uno lee en la vida. Digamos que uno tiene una vida adulta lectora de unos 60 años y que lee un par de libros al mes. Resulta pues que uno puede llegar a leer unos 1440 libros en toda su vida. ¿Qué son 1440 libros contra toda la literatura universal, toda la filosofía, todas la obras geniales? No es nada. Hay que escoger y elegir bien para que el tiempo sea aprovechado. Un libro malo, que no te engancha te está quitando la posibilidad de leer una obra maestra.

Afronto el 2020 con la determinación de leer el primer volumen de *Los enemigos del comercio*. Más de seiscientas páginas de la historia moral de propiedad privada desde la antigua Grecia, las sectas ebionitas judías, pasando por Roma y la edad media hasta la revolución francesa. Considero este libro el principio del fin. El fin de las opiniones injustificadas, ideológicas. Ya no vale creer que el capitalismo es un sistemas perverso, que el comunismo nunca se aplicó como es debido. Estas manidas opiniones no tienen cabida cuando se va a los hechos. Hechos que reúne Escohotado desde tiempos inmemoriales. Y los escribe apenas usando adjetivos, sin opinión, *just the facts*.

Atravesaba todos los días la plaza de la estación para subir la bicicleta en ascensor al andén. Una vez en posición podía sacar el *ebook* del bolsillo del abrigo y leer una página, una y media a lo sumo, al igual que el fumador apura el cigarrillo, antes de llegar el tren. Los andenes tienen dibujado en el suelo bicicletas, indicando dónde parará el vagón con *parking* para bicis. Este siempre está a rebosar por las mañanas. La falta de cooperación hace que en muchas ocasiones terminara pegado a la pared entre mi bici y la siguiente, ocasión que no perdía para volver a sacar el ebook y volver a leer unas páginas antes de llegar a la estación de Danshøj y realizar el cambio de línea. Ya en Brøndby bloqueaba el *ebook* para proseguir a la vuelta, con la esperanza de volver solo, sin compañero de trabajo con el que mantener una forzada conversación.

En el café de media mañana le contaba a Sergio algunos de los datos del libro, que si los griegos esto y los romanos lo otro. En el fondo no quería creer que lo ocurrido en la antigüedad fuera aplicable al hoy. Sentía que fuera una verdad frente a la que cierras los ojos, si no la veo no existe. Me era doloroso darles la razón a los liberales. Un sólo libro no bastaba para romper una vida entera de adoctrinamiento y consenso socialdemócrata. Por mucho que diseñara tuberías para extraer petróleo para que la maquinaria capitalista siga funcionando, no sentía que me hubiera vendido al capital. Algún conocido que trabaja en energía eólica me echó en cara esta contradicción, mientras que él tenía un coche diésel y yo una bicicleta de aluminio. Así que que no me la cuentes.

El 20 de enero de 2020 Gaby y yo cumplimos 3 años juntos. Fecha fácil de recordar para un donostiarra, suplimos la *tamborrada* por un fin de semana en la bella Florencia. Algo más de tres días en frente del *duomo* más bello del mundo con el afán de escapar del interminable invierno danés. También hacía frío en Firenze, pero se lleva mejor cuando te tomas un helado cruzando el Ponte Vecchio, paseas por los jardines del Palazo Pitti o visitas el David y la Galeria Uffici.

Una escapada de fin de semana para celebrar y repasar los últimos tres años juntos. Amigos, después novios, piso de estudiantes en Donosti, un largo tiempo a distancia, nuestro primer apartamento juntos y ahora uno de los dos con trabajo de ingeniero. Poco a poco seguíamos haciendo camino juntos. Tal como este viaje de finde, planeamos otro a París en mayo y otro a Londres más tarde. Planes y más planes, intenciones y deseos que pronto se vieron truncados. Pero no nos adelantemos, ya habrá tiempo más adelante.

Volvimos a Copenhague con síndrome de stendhal a cause de la belleza fiorentina. Y no es que nuestra querida capital danesa no sea bella, sino que las largas semanas grises de poca luz y mucha nube no le sacan el brillo que tiene. **ME ROBARON LA BICI**

De vuelta a mi filósofo de cabecera, me es inevitable mencionar al genial Gustavo Bueno. Por aquellas fechas Ernesto publico su polémico vídeo de dos horas "Yo también fui buenista", emulando o homenajeando con el título a Ita-

lo Calvino y su texto "También yo fui estalinista". Al decir
buenista no se refiere a lo políticamente correcto o bien pensado, si no a ser discípulo de Gustavo Bueno.

¿Y quién es este señor? Seguramente el mayor filósofo español del siglo XX, por encima incluso de Ortega, que falleció en 2016 a sus 92 primaveras. Desarrolló desde la década
de los setenta su sistema filosófico, el *materialismo filosófico*. Bueno era materialista, marxista y algo chovinista por lo
que la tradición escolástica española tuvo un gran peso en
su obra. Entendía su labor filosófica como Platón, sentía
el deber de bajar a la caverna y desencadenar a los demás,
cambiar lo oscuro, las sombras por la luz de la realidad. De
hecho lo llevó a cabo literalmente, pues dio clases de filosofía en la mina a los mineros, pues era profesor en Oviedo[3].
Según él, los mineros entendían los conceptos mejor que
muchos alumnos suyos. Los que no creo que entendieran
tanto fueron los colaboradores de la primera edición de
Gran Hermano. Gustavo Bueno fue uno de los analistas
y tertulianos de cabecera de aquella novedosa primera edición. Participó también en la clave y otros programas gene-
ralistas levantado en armas contra la superstición, creencia
en milagros, los videntes y curanderismo. Y sabía de lo que
hablaba pues escribió más de un ensayo sobre la *Telebasura*
y la religión en *El animal divino*. En muchas ocasiones fue
invitado a los programas de Dragó a tratar temas como el
estado de la filosofía bajo Franco, el ateísmo, la religión o el
mito de la cultura. A propósito de su libro *el mito de la izquierda* que precedió otro de nombre *el mito de la derecha*,
grabaron un programa doble de *Negro sobre Blanco*. Un de-

---

[3]Oviedo es la capital de Asturias y región minera. De hecho, se podría traducir con el euskera: obi (mina) + edo (lugar de).

bate de Gustavo Bueno y Santiago Carrillo que recomiendo a todos ver.

Alrededor de Bueno se formó la Escuela de Filosofía de Oviedo que se reúne en la Fundación Gustavo Bueno. Algunos de sus discípulos más conocidos son Pedro Insua, Jesús G Maestro o Iván Vélez. Entre estos también se encontraba Ernesto, aunque en este vídeo se aleja de la Escuela de Oviedo y se quita las pesadas alforjas del materialismo filosófico. Y es que el sistema filosófico, bien que potente, es estricto y finito. Sus discípulos hablan con el mismo tono, gestos y vocabulario que el maestro y se dedican a repetir las mismas cosas cual disco rallado. Ernesto denuncia en su vídeo que el sistema tuerce la realidad que para que quepa en sus definiciones en vez de abrirse y amoldarse a la propia realidad. Por este motivo Ernesto reniega del buenismo, aunque siempre tendrá a Gustavo Bueno entre sus mayores influencias.

Y es que Gustavo Bueno era fantástico. Parecía un señor de pueblo de boina ceñida cuando iba a la televisión. Sin embargo, no perdía ocasión de dar un buen repaso a los demás contertulios, subía el nivel y la voz con su característica vehemencia y testarudez. Desarrolló la teoría del cierre categorial que aplica a la teoría del estado, a la cultura, a la ciencia y a la idea de España entre otras cosas. De hecho, España y su historia es una de las pasiones u obsesiones de Bueno. Apoyaba a la Unión Soviética y se definía de izquierdas. Recordaba, por cierto, en muchas ocasiones la famosa frase de Largo Caballero "señores, hay que definirse" en el debate entre socialdemócratas, socialistas, comunistas y anarquistas en el que todos aludían a la izquierda. A la caída del muro Bueno quedó algo desnortado y focalizó su trabajo en la idea de España y el significado de derecha e izquierda. Por desgracia, su visión y conclusiones sobre la historia de España y el nacimiento de la nación española le llevan de cabeza al nacionalismo español más reaccionario. Su preocupación por la defensa de la unidad de España frente al separatismo vasco y catalán le llevó incluso a proferir la famosa y desafortunada frase de "si te ríes de España, yo me río de tu puta madre". Pese a este nacionalismo de sus últimos años, que aborrezco, Gustavo Bueno fue sin duda un grato descubrimiento que me introdujo en la filosofía tanto como Ernesto Castro.

Ernesto lee a un ritmo de 50 página la hora, mucho más rápido que yo que soy un poquito lento. Su padre Fernado Castro Flores es aún más veloz. Por aquel entonces me daba un buen paseo por su canal. Fernando, profesor de Filosofía en la Autónoma es especialista en estética y entre otras cosas sube cada poco un vídeo de su serie *Libros recomendados*. Cada vez que lee un libro, es decir, cada día o dos, comparte una reseña a su canal. Hace un tiempo que Youtube no me sugiere sus libros pero por aquellos días de febrero me sumergí en su mar de reseñas, sobre todo sobre Žižek y su propio hijo.

Si algo estaba claro en febrero de 2020 era que había llegado al punto de preferir escuchar una clase de filosofía a ver un programa de Buenafuente. Alguien podría pensar que había perdido el sentido del humor. Nada más lejos. Había ganado, eso sí, una adicción. Me había convertido en un adicto a aprender. Necesitaba, y necesito desde entonces, sentir que cada hora empleada en youtube debía contener algo que merezca la pena. Se terminó el entretenimiento de evasión. La curiosidad *escohotadiana* se había implantado en mí. El aprendizaje se convirtió en entretenimiento y condición necesaria para elegir el próximo en la lista de reproducción.

En las películas, en los anuncios también, familiares llegan a al cena de Navidad por sorpresa. Quería darle una sorpresa a la Ama apareciendo en casa por su cumpleaños. Contacté a mi cómplice, Ane. Le pedí que nos fuera a buscar al aeropuerto. Rápidamente mi cómplice fue sustituida por otro más operante y fiable, el Aita. Llegamos al aeropuerto de Bilbao el viernes 6 de marzo, dos días después del cumpleaños de la Ama, que celebraríamos al día siguiente. Anetxu no pudo venir a buscarnos por lo que tuvimos que tomar el bus a Donosti. Estaba repleto de turistas. No sé por qué, pero el caso es que cuando vuelvo a Donosti hablar inglés me da mucha pereza. Quizá sea la animadversión hacia toda la *turistada*. Sin duda cada año hay más turistas si cabe. Se podría decir que el incremento de los turistas es la única consecuencia negativa de la desaparición de ETA.

Volviendo al tema, llegamos a casa de los aitas un rato antes que ellos, tal como el Aita me había prevenido. Aún me emociono al recordar el abrazo, las lágrimas y la alegría con la que nos recibió la Ama. No paraba de llorar de la emoción. "Maemía que ilusión le ha hecho", pensé yo. Lo que no sabía era que venían del hospital, de recibir la noticia de que el tumor detectado en la mamografía era benigno. Un secreto duro de digerir y guardar, que explotó en el júbilo de la sorpresa de nuestra visita. Una alegría doble. Sobran las palabras.

Al día siguiente celebramos una buena comida en casa con las *izebas*, Oskar, Oier y el tiote Eduardo. Al Aita el arroz con *kokotxas* de bacalao le salió increíble. Todos estábamos felices de que pudieramos disfrutar de esos momentos en familia, que son lo que más echo de menos. Se alinearon los astros pues a la tarde quedamos toda la vieja guardia de amigos para cenar una buena hamburguesa en el Larra. Seguimos rememorando aquella noche, la última farra. Y es que lo pasamos de puta madre. Bailamos *Tusa* de Karol G como cuatro veces. Cerramos el Larra y al salir aún las calles no estaban puestas. El domingo era 8 de marzo, día de la mujer trabajadora. Para nosotros fue el día de la buena resaca, de la última en mucho tiempo.

El viernes habíamos tomado el primer vuelo muy temprano, a las 6 de la mañana. El lunes 9 hicimos otro tanto en Bilbao. Para el medio día ya estábamos en Copenhague. Pensando en el viaje a Roma que teníamos reservado para la semana santa. El hotel era uno muy pequeñito en el Trastevere. Ay... qué ilusos. Todavía decíamos que por cuatro débiles chinos con gripe no se debía para el mundo.

Tan solo 5 días más tarde de celebrar el cumple de mi madre, de una buena parranda donde bailamos y bebimos pegados en un minúsculo bar, compartiendo aire, aliento y pasiones, nos mandaron a trabajar desde casa. No estaba permitido viajar a ciertas zonas de España. Restricciones,

restricciones y más restricciones. Agur, adiós, au revoir, bye bye, hej al mundo tal como lo habíamos conocido.

- La educación de los daneses

- Reescribir el último párrafo

Capítulo X

Confinamiento filosófico

Aquel jueves todos esperábamos la noticia. Aquellos que pudieran realizar su trabajo desde casa, así debían hacerlo. ¡Qué bien! Con lo casero que soy yo, estaba encantado. Se acabaron los 22km diarios de bici para ir a la oficina. Al cabo de la semana se convierte en 110km en las piernas. Unas piernas que nunca parecen acostumbrarse a esa carga. No más madrugar en la mañanas de duro invierno, al menos por un tiempo. Dos semanas nos dijeron al principio. Dos semanas pasaron a ser tres meses.

Tomamos el coche de la empresa Vergis, Nuria, Sergio, Marijana y yo, pues nuestras bicicletas no era apropiadas para llevar un monitor. Me tocó conducir por Islands Brygge, Sydhavn, Valby y Nørrebro, para luego volver a NOV a por la bici. "¡Borja!, ¿dónde coño vamos a meter eso?". Buena pregunta, Gaby. Nuestro reducido apartamento no daba mucho de sí. "Pues en la mesa tendrá que ser". "¿Y yo?, ¿dónde voy a estudiar?".

Qué culpa tenía yo de que me hubieran mandado a trabajar a casa, no lo sé. Pero estaba claro que se avecinaba una
época nueva y no por ello mejor. Nos lo tomamos en serio y
a penas salíamos de casa más que para hacer la compra. Marzo sigue siendo frío invierno en Dinamarca por lo que no
suponía mayor problema. Seguíamos las noticias a todas horas. Visto desde el presente, la sobreinformación fue uno de
los mayores males de la pandemia. Cada día a la 1 de la tarde
revisábamos los datos recién publicados por el ministerio
de sanidad español y a las 2 los datos daneses. Números,
números y más números que los periodistas acompañaban
con porcentajes respecto del día anterior. Se decretó el estado de alarma de España y pronto después comenzaron los
confinamientos forzosos. Pronto nos familiarizamos con
las pruebas PCR, de anticuerpos y mucho más tarde con
las de antígenos.

Tanto leer los periódicos españoles nos hizo olvidar que
vivíamos en Dinamarca. Durante casi un mes no salimos
de casa por miedo, por la alarma que los estados y los medios de comunicación habían expandido por doquier. Al

tiempo recobramos algo de la cordura perdida y dábamos largos paseos por el parque de Bispebjerg hasta la estación de Ryparken. En abril mis amigos vinieron a echar una pachanga al campo de fútbol literalmente debajo de mi casa. Bajé a saludarlos pero no jugué porque estaba totalmente cohibido por la presión de Gaby. En alguna ocasión se dijo en mi casa la frase, "qué irresponsable es la gente, vamos a morir todos". ¿Qué es lo que infunde este miedo en una persona perfectamente sana de 25 años? De nuevo, la sobreinformación nos estaba matando. Estuvimos un par de días sin hablarnos por haber ido a saludar a Jorge, Paul y Dani en el campo de fútbol. Mientras en España fallecían mil personas al día por covid en algunas semanas del mes de abril, en Dinamarca no pasaban de 20 muertos al día. ¿Es esto mucho?, ¿son pocos? En la vorágine de porcentajes, de número de PCRs y fallecidos lo fácil era perder la perspectiva.

En 2020 fallecieron en España 66 mil personas más que en 2018. Suponiendo que todas ellas fallecieron por algún motivo relacionado con el puto covid, la súperpandemia mortal mató al 0,14 % de la población de España. Teniendo en cuenta que más del 20 % de la población es mayor de 65 años, ¿realmente fueron necesarias todas las medidas que se padecieron?

El aumento del gasto público y la inversión alocada del gobierno sobrecalentaron la economía. La impresión de moneda por parte del banco central junto con los tipos de interés negativos han creado la tasa de inflación más alta de los últimos 40 años. El 12 de junio de 2022 se dio el dato de que en Europa han muerto 2 millones de personas por el maldito covid. Es decir, el 0,27 % de la población de todo Europa. Pongamos que los datos son demasiado bajos, que en realidad fueron 3 millones, hablaríamos entonces del 0,4 % de la población. Así es como se debe medir una pandemia, en número de fallecimientos, no de contagios; a menos que estos sean sinónimos, que no fue el caso.

En el caso de que todas las medidas y restricciones que se impusieron, me refiero a España únicamente, pues en Dinamarca no estuvimos tan mal, hubieran evitado el doble de muertes, es decir, que el covid se hubiera llevado por delante al 0,28 % de los españoles en 2020, ¿hubiera merecido la pena? El 60 % de los fallecidos por covid en España tenían más de 80 años, el 44 % más de 90. La esperanza de vida en España es de 80-81 años por lo que la mayoría de fallecidos por covid hubiesen perecido a los pocos años por alguna otra causa. La búsqueda de cero muertes del estado sanitario es tan infantil como inmaduro y la consecuencia la vamos a pagar mi generación pues se viene una buena recesión. Necesaria por otro lado para acabar con la inflación. Y todo esto causado por las decisiones de los políticos, por el miedo. Por la fatal arrogancia de creer que se puede organizar la vida de la gente, prohibir a los hijos despedirse de sus padres enfermos y darles sepultura, gestionar fondos mil millonarios creando inflación y arruinando el futuro de tantos.

Esto lo escribo en el verano de 2022, claro, una vez visto todo el mundo es listo. ¿O no? Hoy aún hay muchos que defienden lo que se hizo y nadie sino los jóvenes van a pagar la crisis generada. Estas palabras no podrían haber salido de mi boca en el inicio de la primavera de 2020. Pasé, de hecho, por todas las fases. La inicial de negación de la realidad, de creer que los chinos o los italianos eran débiles, que tan solo era una gripecilla. Después a la de miedo que desemboca en la fase de odio a los irresponsables. "Míralos a esos que están jugando a fútbol. Son más de diez[1]. Menudos hijos de puta. Por su culpa nunca se va a acabar esta mierda". Las medidas arbitrarias de un gobierno era la vara de medir entre lo que estaba bien y lo que no. Es más, muchos tomamos estas reglas de manera personal siendo beligerantes, muy beligerantes con aquellos que no las respetaban. Esta fase de juzgar a los demás es la que más daño me hizo y de la que me avergüenzo completamente a día de hoy. Digamos que no estaba "vacunado" para haberla evitado. Tras la fase inquisitorial llega la del hastío. Ya no te importa tanto aquello que hagan los demás, eres más laxo con las reglas y comienzas a dudar de su necesidad. Finalmente llega la fase subversiva, en la que estás en contra de que se apliquen más medidas como la obligatoriedad de la mascarilla.

Incluso en el presente, pasados casi tres años del inicio de la pandemia, estos temas se han convertido en tabú. Discutir las medidas sanitarias que se impusieron como las mascarillas en una comida familiar se ha vuelto tan peligroso como temas del estilo independencia de Cataluña o Euskal Herria. Todos creemos que conocemos los hechos, que estamos informados. Sin embargo, ¿cuántos han revisado los datos, hecho balance? No toma más de diez minutos encontrar información en las fuentes oficiales. Entonces, ¿por qué tan poco gente hace este ejercicio? Ejercicio tan necesario para evaluar las consecuencias y pedir responsabilidades.

Es curioso como la ideología de cada uno lleva a justificar las malas acciones de los "tuyos" y no pasar ninguna de los "otros". Las acciones no se miden por la acción en sí sino por el agente. Si tal partido sube los impuesto es un horror,

---

[1] En ese momento, el gobierno danés había decretado que el número máximo de personas que se podían reunir eran diez. Clara violación del derecho básico de reunión.

si lo hace el tuyo es necesario para pagar los servicios. Si la oposición pide bajar el impuesto al gas y al petróleo para que baje el precio de los carburantes "Europa" no lo permite. Al mes el gobierno hace tal y como pidió la oposición y ahora resulta que está permitido por "Europa". Que se ha recaudado mucho gracias a la inflación que ellos mismos han generado con la expansión monetaria. ¿Qué significa se ha recaudado mucho? Con una deuda pública del casi 120 % del PIB y los intereses del banco central subiendo, la partida del presupuesto destinado a pagar los intereses de la deuda pronto se podrá comparar con el gasto en educación o sanidad. Además el gasto del estado no para de crecer siendo en 2021 un 20 % más alto que en 2018.

Las ideas políticas no las medimos en coordenadas tipo: libre mercado-regulación, libertad individual-colectivo, propiedad privada-colectivización, arquía frente anarquía. Condensamos todas estos matices y aristas en izquierda y derecha, nomenclatura inexacta y confusa cuanto menos. Las diferencias entre partidos es mínima en España, donde la socialdemocracia no se discute. Aún y todo siempre queda el "los míos" y "los otros" con los que medimos todo. El mismo criterio se usa frente a todo tipo de temas económicos, políticos, sociales, para todo.

De vuelta a la primavera de 2020, aprovechando la huraña coyuntural, comencé a leer cada vez más y más libros. Empujado por la admiración a Ernesto Castro intenté sumergirme en algunos libros de o sobre filosofía. Comencé con *El mundo de Sofía* de Silje Storstein en el que repasa las corrientes filosóficas más importantes de la historia occidental a modo de novela en la que Sofía es la protagonista.

Le siguió *La condición humana* de Hannah Arendt que la izeba Itziar me había regalado en navidades.

El primer lunes del confinamiento Ernesto Castro publicó su primera clase en la Universidad de Zaragoza como profesor de filosofía antigua y medieval. En este caso se trataba de la primera de 27 clases sobre el bueno de Aristocles. Llamó a la serie "Notas a Platón". A lo que medieval se refiere, Ernesto introdujo a los alumnos a Francisco Suárez, ilustre escolástico jesuita, en su serie "Glosas a Suarez". Esta fue algo más corta pues el pobre Suárez es infumable. Alentado por estas clases, leí muchos de los diálogos de Platón para después disfrutar sus lecciones.

Ahora con más tiempo que nunca, youtube siempre presente, no faltaba a mi cita cada día con "La vida moderna", esta vez sin público. Descubrí un nuevo canal, *Playz*, perteneciente a RTVE y destinado a gente joven. El cómico Pablo Ibarburu y la modelo Gakian presentaban el programa a través de Zoom y Ernesto Castro participaba regularmente. A modo de filósofo de cabecera analizaba desde el punto de vista filosófico el aplauso a los sanitarios. No está mal que en la tele pública se escuche una disertación al estilo escolástico comenzando por la historia de los aplausos.

Resulta que *Playz* produjo muchos otros programas como el late night "Parking Karaoke" conducido por el humorista canario David Sainz en el que colaboraban su compadre Ignatius y Kike Pérez. Ignatius también tuvo su propia serie en Playz, "Drama" con Elisabet Casanovas como su hija y protagonista de la serie, conocida por su papel en la serie Merlí.

Con la llegada del buen tiempo a mediados de abril, me compré una buena pelota de basket Molten. En el mismo parque sobre el que se erigía mi casa había y sigue habiendo una cancha de hockey con los muretes llenos de *graffitis* y 2 canchas de baloncesto dentro de la misma. Esos aros de basket me han visto más que mi madre en los últimos años. El basket fue la válvula de escape, se convirtió en plaza pública. En muchas ocasiones tomaba el descanso para el almuerzo para ir a echar unos tiros y sudar un rato. Pronto aprendí que trabajar desde casa tiene sus ventajas, pero también grandes inconvenientes. Si puedes concentrarte en una tarea por largo rato como yo, corres el riesgo de no tomar descansos, de no mirar a una cierta distancia por mucho rato. Supongo que les pasa a los presos de la cárcel. Tu propio cuerpo agradece el movimiento y más aún lo hace tu cabeza.

Pronto pasé de echar unos tiros solo a jugar con más gente, transgrediendo mi propia segunda fase. ¿Cómo iba a criticar a los que jugaban a fútbol si yo estaba compartiendo sudor con desconocidos? La verdad es que intentaba tener cuidado de no contagiarme, y casi siempre jugábamos los mismos. Pero el riesgo estaba ahí. Comenzamos a quedar

Yeray, Asier y yo. Después se unieron regularmente Nuria y Veridiana. Jon se pasaba de vez en cuando, e incluso Jorge y Dani probaron suerte en el basket un par de veces. Luego estaban los que conocí en el propio Mimersparken, Tanveer de California, flaco y bajito; el polaco Piotr, con buen cuerpo de pívot; y el eslovaco que era bastante bueno, del cual no recuerdo su nombre.

Tras jugar hora y media o dos horas perseguíamos el verdadero motivo de nuestro encuentros, la cerveza de después. Con las manos sucias de jugar en la calle y oliendo un poco *fuchi* pillábamos unas birras en el Netto o el Føtex. No mucho más tarde, a finales de abril, debíamos acordarnos de ponernos la mascarilla al entrar al supermercado.

Con la llegada del calor a finales de mayo el cerveceo post partido lo pasamos del parque a la playa de Svanemøllen. Intercalábamos las cervezas con los saltos desde el malecón. Mientras que cada llamada a mi padres siempre derivaba a un tema relacionado con el coronavirus, en Dinamarca hacíamos vida relativamente normal. El buen tiempo ayudó a disfrutar del aire libre y al baloncesto le siguió el volley en Nørrebroparken o el fútbol en Grøndal.

En una de tantas tardes de basket Yeray trajo a Inazio. Llevaba un tiempo escuchando sobre un tal Inazio conocido de Yeray que había venido a trabajar a Mærsk. Menudo bigardo de casi dos metros lleno de tatuajes. Aquella misma tarde me enteré que lo había dejado con su novia hacía poco. No lo había pasado bien pero su éxito con las danesas le hicieron olvidar pronto sus penas.

Pese a ser de Bilbao lo traté como si fuera una persona normal, hasta me cayó bien. Bromas a parte, nos hicimos muy amigos y quedamos muy a menudo desde entonces.

Nos encantan temas parecidos de política, economía y filosofía por lo que somos capaces de hablar horas ininterrumpidas. Es un regalo encontrar tan buenas nuevas amistades a esta altura de la vida y compartir tanto. Jorge, Inazio y yo formamos un buen trío. Siempre que encontramos algún artículo interesante lo compartimos por nuestro grupo de whatsapp *Grupo de individuos*. Gracias a Inazio me animé a escribir este libro tal y como describo en el prefacio. En 2021 Inazio aceptó un buen puesto en Vestas en Aarhus por lo que ahora le vemos bastante menos. Siempre es un placer visitarle o recibirle.

Aarhus es de hecho una ciudad fantástica. Bastante más pequeña que Copenhague, todos los bares y restaurantes se encuentran muy próximos en el centro de la ciudad. La bicicleta, aunque siempre recomendable, no es necesaria ya que las distancias son todas fácilmente abarcables.

Gaby y yo visitamos Aarhus para celebrar mi cumple en junio de 2020. Pasamos unos días muy agradables por el ARoS Museum, el puerto, los bosques y las playas alrededor de Aarhus. Dimos de comer zanahorias a los ciervos del Marselisborg Dyrhave y nos pusimos las botas en los restaurantes Latin y L'estragon. La primera salida de Copenhague desde que empezara la pandemia nos vino muy bien para airearnos.

Hacía poco que habíamos vuelto a la oficina. Los nuevos protocolos en la cantina generaban largas colas y la incertidumbre por la caída del uso del petróleo era el tema de conversación por excelencia. No obstante, el trabajo no faltaba. El buen tiempo animaba a tomar la bici para acudir al trabajo. Sin embargo, mi bicicleta Nishiki, que me acompañaba desde mis primeras horas en Copenhague, se caía a

pedazos. La pobre estaba pidiendo la eutanasia por lo que era hora de buscarle un reemplazo. Las últimas ocasiones en la que la usé parecía que la rueda trasera se iba a salir de eje. La llanta dibujaba una "s" sobre el camino y la válvula no cerraba del todo bien, por lo que siempre iba la rueda algo baja.

Reparar la bicicleta me iba a costar demasiado así que decidí comprar una nueva. En vistas a seguir con los 110km semanales, escogí un manillar de bici de carretera. También quería que tuviera guardabarros y que no fuera tan buena como para que me diera miedo aparcarla en el centro. Finalmente encontré la que cumplía todos estos requerimiento y compré un Raleigh de color azul oscuro. Tras acostumbrarme al manillar y a los frenos de zapata, sigo encantado con mi querida bici la que esperemos tenga larga vida.

En ese mismo julio aproveche que el *brexit* aún no se había ejecutado para comprar un ordenador a PCSpecialist localizado en Inglaterra. Echaba de menos el CFD y quería

aprender OpenFOAM[2] por mi propia cuenta por lo que diseñe mi propio ordenador en el que monté Ubuntu. Además el portátil hacía las veces de televisor para películas o series y su gran pantalla mejoró nuestra experiencia audiovisual.

Todos estos expendios tan impropios de mí no tuvieron ninguna importancia al lado de la noticia del verano. A mediados de julio Gaby acudió a una serie de entrevistas en Novo Nordisk para un puesto de interna. ¡Contratada!

Desde enero que no trabajaba pues el bar en el que había empezado a finales del año pasado, *La Playa*, echó a la mitad de la plantilla. Encontrar trabajo no era tarea fácil con un virus por ahí rondando. Los hoteles, bares y restaurantes tuvieron más incertidumbre que ninguna empresa por lo que durante unos meses me tocó hacer frente a los gastos.

---

[2]OpenFOAM es el software libre de CFD y cada vez más popular. Una licencia de un software comercial puede costar entre 15 y 20 mil euros al año. Por tanto OpenFOAM puede ser una opción atractiva económicamente a la par de técnicamente complicada.

Por aquellas fechas las cifras de contagiados de covid variaban semana a semana. Cada país empezó a imponer cuarentenas a aquellos que volvían de países de riesgo. Habíamos planeado una visita a Donosti en agosto y estábamos en vilo, pues todos los jueves el gobierno actualizaba el nivel de riesgo de cada país. ¿Qué más da, no? Si, total, ya estábamos acostumbrados a trabajar desde casa. Sí, cierto es, pero el caso es que Gaby comenzaba su nuevo puesto como interna al día siguiente de volver de Donosti.

Estábamos a jueves, al día siguiente volábamos a Bilbao. Casualidad estuve charlando con el jefe de ventas de NOV quien había cenado con el ministro de asuntos exteriores la noche anterior. Y le debió decir que iban a imponer la cuarentena a aquellos que volvieran de España. Eso sí, todos aquellos que ya estuvieran en España y que volvieran después del jueves, no debían hacer la cuarentena. Todo muy lógico la verdad.

El gobierno anunció la fatídica lista actualizada y Gaby decidió no volar y evitar el riesgo de contagio y ser esa su carta de presentación con sus nuevos colegas. Así que me fui solito a visitar a los Aitas y Ane tras estos meses tan raros. Me avergüenza reconocerlo pero fueron unos días de descanso mental muy necesarios. Salir de la ciudad, dejar que te cuiden un poco, estar con los Aitas y amigos...

Si tuviera que hacer una lista de las cosas que más echo de menos en Copenhague además de familia y amigos, el monte estaría en el *top* cinco. El aita y yo fuimos al Aizkorri[3] en un maravilloso 12 de agosto. Hace ya años que mi padre está mucho más en forma que yo. El Aizkorri me recordó que tengo que hacer más ejercicio.

---

[3] El Aizkorri es la segunda cima más alta de Gipuzkoa con 1528m sobre el nivel del mar.

Teníamos una reserva en el restaurante Alaia, en el monte Igeldo, para Gaby, Gonzalo y yo. El puesto de Gaby lo tomo Edgar y nos zampamos una maravillosa paella de marisco con las vistas de la bahía.

A la vuelta a casa hubo un par de semanas que ambos trabajamos desde casa. Como podéis ver en la foto, debíamos compartir mesa. Me había llevado la pantalla de vuelta a la oficina pues casi siempre trabajaba desde allí. No obstante, de vez en cuando trabajaba desde casa al igual que Gaby. Fue durante estas veces cuando nos dimos cuenta que debíamos pensar en mudarnos a un piso más amplio. Un piso que tuviera una habitación independiente de la sala/cocina. Un habitación con puerta, para poder enfadarnos y no tener que compartir la misma estancia. Gaby quería tener esa puerta para poder dar un portazo y mandarme a la mierda de vez en cuando. Con el nuevo ingreso por parte de Gaby pensamos en aumentar nuestro presupuesto y apuntarnos a la lista de espera de los pisos de arriba. A partir de la novena planta de la torre los pisos se vuelven de un tamaño respetable y mejor distribuidos. ¡Además tienen su propia lavadora y secadora! Las vistas a esas altura son sensiblemente mejores que en el segundo piso. Por tanto, decidimos que ya iba siendo hora de ampliar un poquito. Solo quedaba esperar a que uno se quedara libre.

En la foto se puede ver que Youtube está abierto en mi pantalla. Específicamente es un programa de NTMEP versión desde casa que solía escuchar mientras trabajaba. Aquel verano descubrí un canal maravilloso que me dio horas de entretenimiento. Su nombre, *Editrama*, su contenido, entrevistas del programa *A fondo* de los años 70 y 80. ¡Qué delicia! Le recomiendo al lector que se de una vuelta por el canal pues es un auténtico placer. Joaquín Soler Serrano entrevistó a personajes de talla mundial en su mayoría escritores, aunque también de otros ámbitos: Dalí, Borges, Alberti, Cela, Carpentier, Sofía Loren, Gila, Severo Ochoa, Julio Caro Baroja, Joaquín Rodrigo, Cortázar, Josep Pla, Sábato, Rulfo, Fernán Gómez, Benedetti, Vargas Llosa, Teresa de Calcuta, Geraldin Chaplin, Roman Polanski, Aranguren y hasta Richard Nixon. Recuerdo con especial cariño la entrevista a Dalí en la que le preguntan si era franquista. A Alberti recién llegado del exilio en Roma para recibir el premio Cervantes. Y a Fernando Fernán Gómez, en el que explica como la guerra civil le hizo pasar de ser un niño de derechas a un muchacho de izquierdas y finalmente un completo anarquista.

En uno de esos días tontos decidí aceptar una de las sugerencias que Youtube tanto tiempo llevaba señalándome. Se trataba de una entrevista de Ernesto Castro a un tal Miguel Anxo Bastos. Ni idea de quien era este tipo. Comencé a ver al entrevista y recuerdo que me molestó el acento gallego tan bestia del bueno de Bastos. Miguel Anxo Basto Boubeta nació en Vigo en el 67, es politólogo y profesor en la universidad de Santiago de Compostela y presidente de honor de la asociación Xoan de Lugo[4]

Sabido esto llama la atención que Ernesto lo entrevistara, pues no es de su cuerda, y es que Bastos se define como paleo-libertario, es decir, libertario viejo, en contraposición con los neo-liberales. Es por tanto anarquista, el estado es su enemigo y está a favor del libre mercado. También denominado anarco-capitalista o ancap. Sin embargo, mi filósofo de cabecera respeta y admira a profesor Bastos por ser una de las personas más cultas que haya conocido. Ensalza su capacidad para devorar libros y recomendar bibliografía sobre cualquier tema.

En la entrevista Bastos explica como paso de ser de derechas a socialista en la universidad, atraído y empujado por el ambiente marxista de la academia. Después a través de lectu-

---

[4]La Asociación Xoan de Lugo busca la producción y divulgación de estudios y opiniones en el ámbito de las ciencias sociales que promuevan los valores del libre mercado, de la propiedad privada y en general de una sociedad de individuos libres.

ras fue volviéndose liberal, hasta considerarse liberal clásico. Este cambio se dio en años, pues el tiempo para conseguir bibliografía se extendía mucho. No como ahora, pues podemos encontrar cualquier título por un precio razonable o incluso gratis si uno sabe buscar bien. La conversión se completó a inicios de los dos mil cuando la influencia de Murray Rothbard le llevó al anarco-capitalismo.

"Qué señor más raro", pensé entonces. Me atrajo que mencionaran y debatieran sobre Trevijano y su teoría de la república. No obstante, me costó mucho entenderle, no tanto por la profundidad de concepto sino por un tema de dicción. A pesar de eso, le di otra oportunidad al visionar una conferencia en el Juan de Mariana sobre la Revolución Francesa. Y esta vez sí, me sedujo por su manera de expresarse tan directa y simple. Por la claridad de ideas y cantidad de ejemplos, por la honestidad y humildad. Madre mía, ¿qué ando escuchando a un anarco-capitalista? No lo tenía muy claro, pero lo único que sabía era que me encantaba escucharle ya que aprendía.

A partir de ahí seguí viendo sus muchas conferencias disponibles en Youtube. Le recomiendo al lector que le de una oportunidad si le interesa temas como las clases sociales, sociología, capitalismo vs socialismo, política exterior, libertarianismo, pensiones, estado o literatura. Volveremos sobre él en el último capítulo.

Entre el diario de La vida moderna y conferencia de la Fundación Juan March, me aficioné a una serie de programas en los que entraban en la casa de un pensador o escritor y diseminaban su biblioteca. Hasta ahí nada raro. Lo especial del asunto es el canal donde emitían *La biblioteca de...*, el medio de Alfonso Rojo *Libertad Digital* que pertenece a *esradio*, la de Jimenez Los Santos. Hasta entonces todo lo que se apellidara *Digital* en medios españoles lo hubiese ignorado, pues rezuma a *facherio* terrible. Sin embargo, el Borja de 2020 tenía la mente algo más abierta y le dio un *chance*. Disfruté enormemente de los programas en la biblioteca de Alaska, de Dragó y Escohotado entre otros.

Mi estantería *Kallax* de IKEA, la cuadrada, la mítica, era el único lugar donde apilábamos nuestro libros. Una colección muy modesta de algunos libros que nos acompañaban errantes de mudanza en mudanza. La perspectiva de otro pronto cambio de piso nunca nos llevó a invertir en una decente estantería y respetable biblioteca. Mientras tanto, el *ebook* era la mejor solución. Sin el romanticismo del papel, el *ebook* me ahorró una no desdeñable cantidad de dinero y de espacio.

En septiembre todo vuelve a la normalidad. Los niños al cole, los padres a trabajar, no falta nadie en la oficina, vuelve la rutina. Mi rutina laboral desde el comienzo de verano se centraba en varios proyectos en Brasil. Me iba bastante bien. Apenas me quedaban unas semanas para cumplir mi primer año en NOV y me sentía muy a gusto en la empresa. Había encontrado mi sitio y hacía mi trabajo de manera eficiente.

En esas andaba cuando me llamó Henrik, mi supervisor de la tesis. Me preguntó a ver si seguía interesado en el CFD, a lo que respondí con un rotundo sí. No hacía mas de dos meses que me había comprado el portátil para hacer CFD por mi cuenta. Resulta que GEA estaba buscando un nuevo ingeniero para su equipo de CFD. A Henrik aún le quedaba más de un año para terminar su PhD, pero le habían contactado a través de su buen amigo Mads. Esa misma tarde mandé mi CV a Kristian, el jefe del equipo de CFD. Dos semanas más tarde había firmado el contrato con GEA.

Lorenzo y yo, durante los meses de tesis, soñabamos con trabajar en GEA. Sentado en el *jobcenter* le mandé un correo a Kristian hacía un año. Correo que quedó sin respuesta. Ahora iba a trabajar en el equipo que quería, el puesto que soñaba y con mejores condiciones que antes. Me sentí muy afortunado. Mientras muchos habían perdido su trabajo, o las habían pasado canutas durante los primeros seis meses de pandemia, a mí me habían ofrecido el puesto que buscaba, no me habían obligado a ningún confinamiento y había tenido vacaciones. Qué más podía pedir.

Capítulo XI

Desde la torre

Llamé a Bogi a una reunión a última hora de la tarde. Le pedía 15 minutos para discutir un asunto personal. Fuimos a una sala de reuniones al lado de la oficina, por algún motivo no encendimos la luz. Entraba una tibia luz de otoño por la ventana que le dio al encuentro un toque íntimo.

Comencé con mi discurso sobre cuanto había crecido y desarrollado profesionalmente en este año en NOV. Bien parecía que iba a pedir un aumento. Bogi fruncía el ceño como diciendo, acaba rápido con el discursito y ve directo a turrón. Solté la bomba. Me habían ofrecido un puesto en otra empresa y había aceptado. "Can we negotiate?", me preguntó. No. Bogi sabía perfectamente que no me iba por un sueldo más alto, conocía bien que había intentado introducir CFD en NOV con poco éxito, y que estaba interesado en la mecánica de fluidos.

Pudo quedar ahí la conversación, pero sin necesidad de ello, Bogi me confesó que le daba mucha lástima, que me veía mucho potencial para ser jefe en el futuro. Qué majo :)

Sea como fuere, ya me había quitado el gran peso de encima. El siguiente paso era contárselo a mis compañeros.

Estaba deseoso de empezar en mi nuevo puesto, pero al mismo tiempo me apenaba enormemente despedirme de Sergio, Thomas, Marco, Nuria, Marjiana, Luis, Ricardo y demás. Formábamos una familia por lo que fue algo doloroso decirles que me marchaba, que les dejaba ahí con todo el pastel. Bogi me pidió que esperara un tiempo para contarlo. Por fin me dio permiso, al día siguiente lo comunicaría. Sin embargo, me parecía una traición que Sergio no lo supiera antes que los demás. Después de tantas confidencias y sabiendo lo mal que le sentó que Nikos no se lo hubiera dicho cuando se marchó en febrero, se lo conté cuando nos quedamos solos al final del día. Me felicitó con un "¡qué cabrón! ¿nos dejas?". El grupo se lo tomó bien al día siguiente, salvo Thomas, quien se sintió abandonado. La verdad es que estábamos trabajando muy bien juntos, nos lo pasábamos bien y nos íbamos a echar de menos.

Volví a llevar tarta de queso horneada en mi último día. Pesaba dos kilos. No quedó nada. Es la favorita de Bogi. Cuatro huevos, un kilo de queso fresco, medio litro de nata, trescientos gramos de azúcar y una buena cucharada de harina. Ese es mi legado más reseñable en NOV. Todo el mundo es reemplazable y más un recién graduado. Al menos se acuerdan de mí cada vez que Sergio la lleva a la oficina. *Borja's cheesecake* le dicen.

Terminamos la última jornada con una buena cena en casa de Marco, quien se había mudado a Brøndby hacía no mucho. Hicimos unas pizzas con la masa que nuestro anfitrión había preparado la noche anterior. Una buena despedida que me pesó al día siguiente haciendo cajas. La resaca no es el mejor aliado cuando de desmontar muebles se trata.

El lunes primero de noviembre nos mudamos en ascensor. Aprovechamos la tranquilidad de la torre en horario laboral para subir todas nuestras cosas. Semana de cambios. Tomamos el ascensor físico como metáfora del ascensor social. Un nuevo y mejor trabajo, un mejor y mayor apartamento. Se acabaron las lavadoras y secadoras comunes. Por fin tendríamos una puerta que separara el salón del cuarto.

LEJLIGHED NR. 6 - 16. SAL
61 m² · 1 soveværelse
Type A8

Lo mejor de todo era la hipnotizante vista desde aquel decimosexto piso de la torre de Nordbro. Desde la ventana del cuarto veía sin problemas la cúpula de la basílica de mármol a lado de Amalienborg, el puente de Øresund, el Bella Center o los molinos de viento a la salida del puerto.

Sacando la cabeza por la ventana se podía disfrutar de un fresco amanecer si se giraba la cabeza hacia la izquierda. Mirando hacía abajo uno perdía la respiración de la tremenda caída. Muchas veces, coloqué una silla estratégicamente al lado del ventanal para perder la cuenta de los minutos mirando los rojos, naranjas y rosas de las puestas de sol.

Pero no nos pongamos moñas. Aún quedaban muchas cajas por vaciar, una cama que armar y luces que colgar. Hicimos lo justo como para no tener que dormir con el colchón sobre el suelo y cenar a oscuras. Había que descansar. Al día siguiente comenzaba mi primer día con ingeniero de mecánica de fluidos computacional.

Dos años antes Lorenzo y yo estuvimos merodeando por el mostrador de GEA en el foro de empresas de DTU preguntando sobre un posible trabajo en el departamento de CFD y charlamos con Jasbir. Al año intenté contactar a Kristian desde el *jobcenter* sin ninguna suerte. Desde aquel dos de noviembre uno pasó a ser mi jefe y el otro mi compañero.

Kristian y Mads me esperaban en recepción para darme la bienvenida. Creía que me entregarían un ramo de flores que poder llevar a Gaby como en NOV. Al parecer el covid había terminado hasta con las inofensivas flores. Acto seguido conocí a Jens, Mathias y Jasbir de nuevo. El sexto compañero, Jògvan, trabajaba desde su casa en las Islas Feroe, por lo que nunca llegué a estrecharle la mano.

Todo fue fantástico. No me pude ir a mi casa más contento. Ni más vuelto mierda. Mi cerebro se había derretido hacía horas con tanta información nueva. Mi cuerpo no se había recuperado aún de la inacabada mudanza. Seguí arrastrándome como un *zombie* hasta que entregamos el piso de abajo bien limpito y pintadito. Tras una amarga inspección en la que me acusaron de usar dos tipos de pintura distintas en la misma pared, conseguimos que nos devolvieran el deposito entero. ¿Para qué iba a comprar dos pinturas distintas con lo cara que es? Una vez cerrado ese episodio pudimos enfocarnos en nuestro nuevo apartamento. Tocaba amueblar un poco para poder trabajar desde casa.

Durante aquel primer año del covid la vida de todos cambió forzosamente. Muchas personas perdieron su trabajo, otras un ser querido y otras la vida. En medio de ese drama yo me sentía un afortunado. Nadie de mi familia había sufrido con el dichoso virus, el tiempo de encierro me había devuelto la afición por la lectura, estaba practicando mucho deporte, acababa de empezar el trabajo que tanto deseaba y me había mudado a un piso con unas vistas de muerte donde por fin había sitio suficiente como para traer invitados.

Como contrapunto, pese a que el nuevo puesto le daba diez vueltas al anterior, echaba de menos mis antiguos compañeros. Resulta que mi nuevo departamento trabajaba desde la oficina tan solo un día a la semana. Con una casa a medio hacer, estuve yendo todos los días a una oficina semi-desierta durante semanas.

La hora del almuerzo era tiempo de introspección por decreto. La cantina estaba cerrada y la comida traída en un carrito que dejaban en mitad del pasillo. Las reuniones a través de *Teams* eran el contacto más humano al que era expuesto en mi jornada laboral. No quedaba mucho para que en diciembre los casos subieran dramáticamente y nos mandaran a todos a casa.

Antes de que eso sucediese, tuve la oportunidad de hacerles una presentación a mi equipo sobre mi persona. Les hablé de Donosti, de todos los deportes que practico y he practicado, sobre mis escritores favoritos, de mis anteriores trabajos y de que tengo más de quinientos apellidos vascos. Recuerdo hacer hincapié en mi nacionalidad vasca y no española. Curiosamente al poco tiempo caí en uno de esos vídeos maravillosos que el bendito algoritmo te sugiere. Se trataba de un debate de Iñaki Anasagasti y Fernando Savater sobre el nacionalismo vasco. Me llamaron la atención algunas de las cosas que Savater dijo y me leí un ensayo suyo de nombre *El mito nacionalista*.

Pese a no estar de acuerdo en muchas de las cosas que cuenta en su libro, hay que admitir el coraje que hace falta para publicar tal obra. Savater vivía en aquella época amenazado por ETA. Con su pluma era tan incómodo para la banda terrorista como un comando policial.

Una de las ideas principales que me quedaron de su ensayo es la dañina idea de "buenos vascos" y "malos vascos".

Buenos aquellos que hablen *euskera*, que quieran la independencia, que estén en contra de España. Malos los que se sientan españoles tambien, los que sean *maketos*[1], los que no tengas sus buenos apellidos. Esta categorización es tremendamente simple, xenófoba y no lleva más que al odio. Un bando se otorga la capacidad de repartir carnés de *euskaldunidad* y excluye a una gran parte de la sociedad.

Desde que tengo conciencia política siempre he querido la independencia para Euskal Herria. Sin embargo, a partir de aquel momento dejaron de interesarme todos aquellos que usen el discurso de buenos y malos. Dejaron de interesarme los intolerantes.

Siguiendo aquel debate, comencé un maratón de documentales del canal ABC TV Paraguay llevados a cabo por el matrimonio Sara Torres y Fernando Savater. El programa se llamó *Grandes Documentales* y pese a lo pretencioso del título, sí que son realmente buenos. Savater introduce a los filósofos y escritores más importantes y explica su teoría con claridad. Lo mejor de todo es que en la mayoría de programas, Savater y su mujer viajan a la ciudad donde el protagonista vivió, caminan por su barrio, entran a la cafetería favorita, etc. Visita el Paris de los existencialistas Camus, Sartre y Beauvoir, la Praga de Kafka, la Lisboa de Pessoa, el Edimburgo de Stevenson y el Londres de Virginial Wolf entre otros. Una maravilla, os los recomiendo.

A lo largo de este libro me ha sido fácil recordar momentos destacables a lo largo de los últimos cuatro años en Copenhague. Sin embargo, no sé que pasa, pero me cuesta traer

---

[1] Despectivamente de aquel que no habla *euskera*.

a la mente los sucesos de esta época. El covid nos trajo el día de la marmota y a principios de diciembre nos volvieron a mandar a casa por enésima vez. Volvían a cerrar los bares y restaurantes. Prohibido el ocio en locales cerrados. Ya me diréis que porras hacer en el invierno danés en este plan. Ése, creo, es el motivo por el que no recuerdo nada especial.

Sé que fue a por aquel entonces cuando añadí a mi lista de canales seguidos a dos declarados liberales. Un tiempo atrás había escuchado una genial reseña de *Mi ibiza privada* de Escohotado por Fernando Díaz Villanueva (a partir de aquí FDV). Sin embargo, su tono de voz y maneras me echaron para atrás. ¿Quién es este facha?

En Noviembre Gaby y yo, sin mucho más que hacer, nos vimos la serie *Gambito de dama* en Netflix. Resulta que FDV subió otra crítica a su canal que me encantó. Hizo lo propio con una película que acababa de ver, *Mientras dure la guerra* de Amenábar. Tanto va el cántaro a la fuente, tanto contenido de mi interés, decidí darle una segunda oportunidad y guardarme mis prejuicios.

FDV es madrileño, historiador y periodista. En 2016 decidió realizar su propio programa de radio llamado *la Contracrónica* que sube a Youtube y Ivoox. De lunes a jueves publica diariamente un programa sobre actualidad relacionado con política o economía. En muchas ocasiones trata temas internacionales y en especial de Iberoamérica. Los viernes publica su inmejorable *Contrahistoria* en el que dedica más de una hora a diseminar en profundidad cierto periodo de la historia. El fin de semana suele compartir algún programa sobre libros, *la Contraportada*, o sobre cine, *el Contraplano*.

Una de las peculiaridades de su programa es que introduce y responde audios enviados por los oyentes, llamados cariñosamente *contraescuchas*. Por lo que Fernando hace partícipe a su propia audiencia. Su perfecta dicción y gran preparación de los temas me engancharon. De hecho, a día de hoy sigo escuchándole y no me pierdo casi ningún programa. Si por un casual me lee estas líneas, desde aquí le doy las gracias por su labor.

Casualmente a la otra persona a la que comencé a seguir casi a la par, no se hablaba con FDV. Y no fue hasta la muerte de Antonio Escohotado que se reconciliaron. Pues ambos dieron un discurso en su homenaje. Se trata, para los que no lo sepáis ya, de Juan Ramón Rallo. Economista de la Escuela Austriaca, profesor de varias universidades y muy conocido por sus intervenciones en televisión. En 2015 abrió su canal de Youtube para colgar sus clases de economía. Más tarde comenzó a compartir las intervenciones en la Sexta, y desde 2019 sube vídeos sobre economía y los efectos de medidas políticas sobre la misma.

Del mismo modo que con FDV, pasé de la repulsa y prejuicio que venía de la época en la que le veía en la tele a la curiosidad. Curiosidad suscitada por vídeos en los que explicaba fenómenos económicos que quería entender. Poco a poco me fue conquistando y he aprendido muchísimo de él. No creo que haya nadie tan honesto y pulcro en sus explicaciones. Sus conclusiones están siempre respaldadas por datos. Y aunque es cierto que no tiene mucha gracia ni salero, los temas que toca son tremendamente interesantes. La pena es que últimamente, me refiero a cuando escribo estas palabras a finales de 2022, toca demasiados temas político alejados de la economía para criticar lo absurdo y la negligencia de los dirigentes de Podemos. No es necesario ver sus vídeos para saberlo.

A Gaby le recomiendan trabajar desde la oficina. Parece ser que el puesto de interna le hace inmune. A mí me indican lo contrario. Nos aproximamos al solsticio de invierno. Cada minuto de luz es oro. Unos tímidos rayos de luz me acarician la cara. Me llaman a levantarme de la silla, ponerme en "amarillo" en *Teams* y observar el paisaje. Veo todos los tejados de Copenhague desde mi ventana. Las chimeneas despiden vapores o simplemente aire húmedo que se condensa al contacto con la gélida brisa. Los bonitos días invernales son también los más jodidamente fríos.

Juego con la vista. Intento encontrar algún edificio en el que no me haya fijado antes. Miro a las hormiguitas que caminan por la plaza, bajan al metro o suben a la estación de tren e imagino que predigo sus trayectorias. Abro la ventana y respiro hondo. Qué maravilloso lugar sería este si hiciera diez grados más. Solo diez.

Me hago un café y vuelvo a mi escritorio. La rutina. La rutina puede ser genial. Pronto le añadimos a la rutina matutina un paseo a la hora del almuerzo por prescripción laboral. Media hora para acercarnos al parque de Bispebjerg o al de Nørrebro. A veces se nos unía Jon, que se había mudado unas calles más arriba. El parque de Nørrebro al mediodía parecía la Quinta Avenida. Todo el mundo había tenido la misma idea. Sin nada que poder hacer después del trabajo, sin un café que poderse tomar fuera de casa, sin poder tomar una birra de cañero, qué menos que tomar un poquito el sol aunque sea en horario laboral.

Cierto es que del horario laboral solo me quedaba claro el inicio. Las ocho y media si eso. El final de la jornada era más difuso. Por un lado te acuerdas del paseo que has tomado, del rato de más que has pasado cocinando, esa media hora en la que no has hecho media mierda; y comienzas a sumársela a las cuatro y media. Poco a poco te dan las cinco y media. Pero qué más da. Hace ya dos horas que se hizo de noche. Trabajar o Netflix.

Tengo la suerte de que me gusta mi trabajo. Me interesa e intento hacerlo cada día lo mejor posible. De hecho, antes de hacer CFD de manera profesional, era mi *hobbie*. Del mismo modo que estudiar una carrera de "lo que te gusta" puede desembocar en un desengaño, trabajar de ingeniero de CFD terminó siendo menos romántico de lo que creía. No obstante, me encanta y espero hacerlo por muchos años más. Supongo que hay un límite al disfrute en un trabajo de oficina, de ingeniería, en el que las humanidades deben dejarse a un lado para hacer caso a los hechos. No tiene nada de malo.

El covid canceló la navidad de muchas personas, entre otras la nuestra. Un examen de Patofisiología de Gaby al principio del años no empujó a pasar las fiestas en Copenhague. En nuestra torre. Tuvimos el descaro de engañarnos haciendo creer a propios y extraños que no salíamos del país por responsabilidad. Y es que el área de Copenhague era a finales de 2020 el lugar de Europa con la tasa de contagio más alta.

Había que mantener la moral alta. Echábamos unas risas viendo la entrevista de La Resistencia del día anterior. Tan sólo la entrevista pues el programa perdió mucho sin público. Hasta cierto punto, el hecho que pudieran seguir grabando el programa era una frivolidad.

Además de humor, se echaba en falta la actividad física. La actriz Adriene Mishler me dio horas y horas de yoga con los que poder estirar un poco el *cuerpesito* con su canal de Youtube. En ocasiones no seguía un clase en particular y repetía las posturas y secuencias que me sabía de memoria. De este modo podía seguir escuchando a Rallo, a FDV, Bastos o Ernesto Castro.

Curiosamente, este último, quien ideológicamente está totalmente opuesto de los otros tres, participó varias veces en un nuevo programa de debate llamado *Gen Playz* dirigido por Inés Hernand y Darío Eme Hache. Comenzó con el otoño y no me perdí ni uno en el que saliera Ernesto. Estos versaron sobre la educación, *fake news*, el 15M, el poliamor, la tauromaquia y el veganismo. Claro está que este debate no es del nivel de *La Clave*, pero algunos de los temas fueron interesantes. Una de las guionistas en la primera temporada era la conocida escritora Ana Iris Simón. Ella misma admitió que hacían un gran esfuerzo en traer contertulios de distintas posiciones. Eso sí, siempre jóvenes. Pues Playz es un canal de TVE pensado para jóvenes.

Por desgracia, la juventud no es sinónimo de calidad. ¡Ay, cuánto eché de menos los debates viejunos de *La Clave*! *Gen Playz* pasó pronto de ser interesante y único porque era de los pocos donde se trataba el lenguaje inclusivo, salud mental, racismo, políticas de identidad, a una reunión universitaria unicolor de pensamiento único. La calidad y variedad de los colaboradores cayó en picado y al tiempo dejé de verlo.

Celebramos la nochebuena y la nochevieja con Jon. Los *Aitas* me habían enviado una caja de rescate con queso, jamón, turrón, fuet, *mi-cuit*, lomo, chorizo y alguna cosa más. Con los entrantes y el postre resueltos, preparé unas doradas al horno con patatas panaderas. Fueron unas noches tristes, tan lejos de la familia, pero hambre no pasamos.

A los daneses en nochevieja se les va la puta olla con los fuegos artificiales. No es ni medio normal, además de peligroso pues salen varios heridos todos los años. A partir de año nuevo Copenhague se ilumina a través de las palmeras de colores y las tracas que no se interrumpen por más de una hora. Desde la torre el espectáculo era hermoso. Apagamos las luces y nos pusimos los tres frente al ventanal. En silencio, por unos 5 minutos. Disfrutando de la belleza del orden anárquico desde el calor de nuestro salón.

Resulta inevitable hacer balance a final de año. Como si el primero de enero fuera totalmente distinto al 31 de diciembre. Un arbitrio absoluto que nos ayuda a ordenar nuestra vida temporal. El frío y las restricciones decantaron la balanza y declaré internamente al 2020 como *annus horribilis*. La realidad objetiva, es decir la verdad, nos recordaba el nuevo apartamento, el nuevo trabajo, mi explosión lectora, la prácticas de Gaby en Novo, la salud. Estábamos objetivamente mejor que hace un año.

Y comenzó el 21 con la esperanza de que fuera este un año mejor. Nuestros amigos fueron regresando de sus respectivos países tan despacio como caen los copos de nieve. Algunos no llegaron hasta Febrero. Fue entonces cuando retomamos una de mis grandes pasiones. Algo más que un juego, es el cordón umbilical que me une con mi *Aitona* Juanito, quien nos enseñó a jugar a mi hermana y a mí cuando éramos pequeños. Aprovechó aquellas tardes de julio en las que nuestro padres trabajaban y los *Aitonas*[2] nos cuidaban

---

[2]Abuelos.

para introducirnos al mus[3]. Pasarían años antes de que me dejaran jugar en la partida de la sobremesa en las comidas familiares. Recuerdo la primera vez que gané al *Aitona*. Supongo que para él la daría una mezcla de orgullo y rabia por haberle derrotado un renacuajo, su nieto.

Cuando se despidió de este mundo se acabaron las partidas de mus en mi familia. Si las había, ya no tenían gracia. En su octogésimo segundo cumpleaños me escapé de clase para tomar unos *pintxos* con él. "Hola Aitona, me he ido de clase para venir a felicitarte tu cumpleaños". Qué contento estaba. Encantado de que hiciera pellas. Yo tenía el sueño de que me llevara a la sociedad[4] a jugar con el contra sus amigos y ganar, claro.

Nunca llegué a ir.

En diciembre echamos una partida al darnos cuenta de que Inazio (Bilbao), Eneko (Pamplona), Richi (Madrid), Jon y yo (Donosti) jugábamos al mus, y bastante bien. No sé de quien fue la idea, pero ahí que llevé mi baraja Fournier del Banco Guipuzcoano. Fue todo un éxito por lo que les enseñamos (enseñaron, yo no tengo paciencia) a jugar a Jorge, Dani, Paul, Julius y alguno más.

A partir de febrero se convirtió en tradición quedar todas las semanas a echar unos muses y de paso tomar algo juntos. Los bares y restaurante seguían cerrados, por lo que íbamos de casa en casa. Muchas veces era en casa de

---

[3]El mus es el juego de cartas vasco por excelencia. Es como el *poker* pero mejor. Se juega en parejas con la baraja española de 40 cartas y se reparte cuatro a cada uno. Se apuesta por rondas a grande, pequeña, parejas y juego.

[4]La sociedades en Donosti son clubes privados equipados con cocinas y muchas mesas donde grupos de amigos se juntan periódicamente para comer o cenar.

Eneko, Richi y Asier, que nos pillaba bastante bien a todos. Cada barbacoa o fiesta en el ring se convirtió en excusa para echar unas partidas. En medio de la velada había un momento en el que los jugadores de mus nos buscábamos con la mirada y con unos gestos contábamos hasta cuatro antes de guiñar los ojos. Hay quien calificó lo nuestro de adicción. Pues sí, ¿y qué?

Entre partida y partida, entre conversación y broma, vas conociendo a las personas. Intimas. En seguida te das cuenta con quien te llevas bien, con cual mejor. Fueron esas tardes de cartas las que nos dieron a Jorge, Inazio y a un servidor la oportunidad de charlar de los temas que nos atrapan. El tiempo hizo el resto. En Febrero de 2021 comenzó un nuevo podcast del Xoan de Lugo llamado *Conservando la cabeza* y presentado por Noemí Díaz Corral y Daniel Rodríguez Carreiro. El programa me llamó la atención por comenzar el primer capítulo con una entrevista a *o'patrón* Miguel Anxo. ¿Cómo podemos organizarnos sin estado? ¿Puede haber justicia, sanidad, defensa privada? ¿Cuál es la legitimidad del estado? ¿Qué es el anarquismo? Todos estos temas y muchos más me entretuvieron el final del invierno y parte de la primavera de 2021.

En ocasiones me daba palo mandarles algunos de esto vídeos a Jorge e Inazio. Y es que son droga dura. Anarco-capitalismo para los muy cafeteros. Yo soy el más idealista de los tres. El más radical quizá. Jorge es más reflexivo y realista. Si yo tiro hacia Bastos, el mira hacia Rallo. Entiende que la minarquía, el estado mínimo, es un mal necesario. Inazio llegó mucho antes que nosotros a estas movidas. Sin embargo, a falta de quien poder perder el tiempo en estos temas, tiene menos base teórica. Por el

otro lado, es quien más sigue la máxima vive y deja vivir.
Lo suyo es la vivencia, la práctica.

De vez en cuando te encuentras por Youtube un pequeño tesoro y piensas "¿cómo he podido vivir sin ti todo este
tiempo?". Por esas fechas me topé con unas clases magistrales del profesor Bastos en la Universidad Francisco Ma-
rroquín en Guatemala. Cinco sesiones de algo más de dos
horas cada una. En total unas diez horas de puro oro que
a todos desde aquí recomiendo. El seminario *Ideología y
Teoría Política Contemporánea* fue un punto de inflexión.
    ¿Cuál es la diferencia entre teoría e ideología política?
¿Entre ideología y utopía? ¿Cuál es la ideología comunista?
¿Qué es el socialismo democrático? ¿Cuál es el origen de
los derechos sociales? ¿Nos explota el capitalista? ¿Cómo
nacieron las pensiones de reparto? ¿Qué me dices del repu-
blicanismo? ¿En qué difiere un monopolio de un líder de
mercado? ¿Qué plantea la Escuela Austriaca de Economía?
¿Y el paleoliberalismo? ¿Liberal o libertario? ¿Es el anarquismo una corriente de izquierdas? ¿Qué hay del feminismo,
ecologismo, animalismo?
    Después de pasar tardes enteras escuchando a Bastos
abrir debates en clase sobre todos estos temas, recomendar
autores y presentar todas las posiciones además de la suya,
al día siguiente tocaba trabajar. Recuerdo una ocasión en
la que fui a la oficina. No sabría adivinar el motivo. Seguramente fue para romper con la cansina rutina doméstica. Allí
estuvimos Jens y yo, mano a mano. Jens es socialdemócrata
radical y le interesan todos los temas. Es culto y curioso por
lo que siempre tenemos algo de que hablar.
    Como quien no quiere la cosa, terminamos hablando
de teoría del estado. Si mejor público o peor privado. Las

ideas no se asientan hasta que no las defiendes o rebates. Los seminarios de *o'patrón* fueron encajando como piezas en una partida de *tetris* perfecta. Intenté poner ejemplos de la imposibilidad del cálculo económico del socialismo y la teoría del valor subjetivo. Si el almuerzo se hubiera alargado le hubiese terminado convenciendo sobre el coeficiente de caja del 100 % de la reserva fraccionaria. Lo cierto es que no nos pusimos de acuerdo en nada. Y qué bien. Que así siga siendo.

"¡El viernes abren los bares y restaurantes de nuevo!" Cuatro meses después del pico de infecciones de covid la vida tomó un tono de normalidad. No hubiera pasado nada si hubieran abierto un par de meses antes. Seguramente a Mette se le olvidó que tenía que abrir los bares antes porque estaba demasiado ocupada asesinando todos los visones de Dinamarca.

Con la apertura comenzaron las largas colas en los *test center* para obtener el pasaporte covid. Al mismo tiempo comenzó la temporada de mi equipo de fútbol. Ah, ¿que no os he dicho? El verano anterior echamos algunas pachanguillas en las pistas de Grøndal. Decidimos montar un equipo y estuvimos entrenando cada semana hasta en invierno. Lloviendo, nevando, con hielo, ventisca... Las sesiones invernales fueron épicas. Con la primavera jugamos algún amistoso contra *los húngaros* como excusa para la posterior barbacoa.

Pasó a ser tradición que después de cada partido de los *Iberian Vikings* jugado en casa, nos dirigíamos directos al Rema 1000 cerca del *Ring* para comprar cerveza, carbón, verduras y carne. Dani se coronó como maestro parrillero mientras los demás nos hidratábamos con unas *classic*. Esperando a que el carbón tomara la temperatura justa, nos retábamos al ajedrez. Nunca conseguí ganar a Paul. Julius exportó el método de asado que aprendió en Paraguay y los demás disfrutábamos de la carne y la compañía.

Ganamos casi todos los partidos a pesar de que yo, que tengo dos piernas izquierdas, jugara de delantero. Hicimos muy buena piña gracias a Sento y Morten, quienes se ocuparon de encontrarnos un club. Jon, Thomas, Eneko, Dani, Julius, Paul, Sento, Coppo, Morten, Richi, Anders y yo. Esos fuimos los originales *Iberian Vikings*.

Capítulo XII

Ahorro y trabajo duru

Dues setmanes sense morts per covid-19 a Xàbia i cap cas a Teulada. Comentaba el presentador de la radio FM local mientras nos dirigíamos a una cala próxima en el *bachaco*[1] de color mostaza. Un sol radiante nos acompañaba desde nuestra llegada a Alicante. Alquilamos un pisito encantador en una urbanización cerca de la playa de Jávea. Playa, paella, piscina. Las tres Ps claves del éxito de unas maravillosas vacaciones por mi cumpleaños. Le podríamos añadir la p del porche, porche del apartamento franqueado por palmeras gruesas donde tomábamos una Estrella Galicia recién salida del frigorífico para acudir a la puesta de nuestro amigo el sol.

Aquella escapada fue la excusa perfecta para reencontrarnos mis padres y yo por primera vez en 10 meses. Se

---

[1]Mote con el que Gaby bendijo al coche del alquiler. El bachaco es una hormiga bastante tocha que pica que jode y encima se zampa los cultivos.

dice pronto. Aprovechamos para pasar tiempo juntos en la playa de Calpe y hasta echar unas partidas de mus. Paseando por la vereda marítima, poco antes de llegar a las ruinas romanas, confesé en tono jocoso. "Aitas, soy anarcolibertario". "¿Qué dice éste? Qué cosas más raras dices, Bojito", quitaba hierro mi madre ocultando su disgusto. Por primera vez expresaba en voz alta aquello que tanto tiempo llevaba pensando. Ya fuera por vergüenza, por falta de convicción, no me atrevía a admitirlo. Esa sensación que tienen los niños pequeños cuando comenten alguna travesura, saben que es algo malo. Pero, ¿por qué me sentía así?

Ella es socialdemócrata, mi amigo es comunista, yo soy feminista, él es fascista, la otra es conservadora, socialista, liberalista... Me aterra el uso del verbo ser para definir nuestra acepción política. Propongo trocarlo por el verbo estar. Estoy colectivista, o estaba progresista, por ejemplo. El verbo estar es un tesoro que otros idiomas no tienen. Un verbo capaz de expresar un estado temporal. El ser, en cambio, es permanente, inmanente a la identidad. ¿Qué clase de prostitución del alma es darle una parte de tu identidad a una ideología, a un vulgar *ismo*? A un conjunto de ideas, a veces en contradicción, que es una ideología. Una bandera con la que arroparse para el que va desnudo de ideas por la vida. Un ideario para no tener que volver a pensar.

Sin embargo, insistimos, y volvemos a caer en el viejo hábito de etiquetar a todo el mundo y colgarle el cartel, los míos y los otros, los de izquierda y los de derecha. Yo estaba de izquierdas. Estaba muy de izquierdas. Al menos eso quería creer. La izquierda es buena, un lugar seguro, una moralidad superior, garante de un mundo mejor. ¿Cómo puede haber personas de buen corazón de derechas? Esta pregunta me quitaba el sueño. ¿Y ahora qué? ¿Sigo estando de izquierdas? La metamorfosis es dolorosa. La aflicción de aceptar que estabas profundamente equivocado y que eras incluso más ignorante que ahora.

Los Aitas me trajeron la taza de la Real que me regaló Ane, quien se había mudado recién a Malta. Desde entonces la muestro con orgullo por la oficina aprovechando la mínima para compartir cual es el mejor equipo del mundo. Comimos frente a la playa de Jávea para celebrar mis 26 primaveras en el restaurante que Jorge me había recomendado. Me encanta ir a comer con mi familia, pocas cosas disfruto más. Soy comilón, estoy anarquista. Mi mayor miedo sobre mi cambio ideológico es decepcionar a mi familia, que mi padre se avergüence. Intento evitar temas políticos en las comidas pues puede llegar a joderla.

¿Me habré vuelto facha? Facha hoy en día es un insulto que no se refiere a fascista sino a tan solo ser de derechas. ¿Como puede ser el anarquismo facha? Anarquía está formada por *an* (no) y *arkhê* (poder o mandato) del griego. El Anarquismo se opone al Estado, quien tiene el monopolio de la violencia. Es decir, es contrario a cualquier autoridad impuesta por la fuerza. Por tanto no puede estar más alejado de aquellos *ismos* que buscan imponer sus ideas por medio de la fuerza del estado como el fascismo, el comunismo o la socialdemocracia. Por supuesto, el anarquista rechaza cualquier tipo de dictadura. ¿Es una corriente de izquierdas? Podríamos decir que sí, o que no. La verdad es que no parece que las manidas categorías valgan.

¿Se puede estar independentista, vasco en este caso, y anarquista a la vez? Pues, *not really*. Bien es cierto que todo lo que sea partir un estado grande como el español en trocitos pequeños es beneficioso. Ahora, si un futuro estado vasco fuera más fuerte que el anterior, mal negocio. Entonces, ¿en qué quedamos? La verdadera contradicción recae sobre el independentismo socialista de ERC y Bildu. Pues el socialismo en cualquiera de sus formas es centralizador, igualador y uniformador. Busca en teoría la unión de los trabajadores más allá de la nación. Por ende el socialismo y el independentismo nacionalista son términos antagónicos. El derecho de secesión o de autodeterminación es propio del liberalismo o incluso del libertarianismo, los cuales en sus etiquetas caen dentro de la derecha. Cito a Mises: "el derecho de autodeterminación respecto de la cuestión de la pertenencia a un estado significa entonces: siempre que los habitantes de un territorio concreto, ya sea una sola ciudad, todo un distrito o una serie de distritos adyacentes, haga saber, mediante un plebiscito realizado libremente, que ya no desean seguir unidos al estado al que pertenecen en ese momento, sino que por el contrario desean formar un Estado independiente o unirse a otro estado, sus deseos han de ser respetados y cumplidos. Es la única forma viable y eficaz de impedir revoluciones y guerras civiles e internacionales."

A ver si lo de la independencia va a ser cosa de fachas... Puestos a soñar escogería una Gipuzkoa partida en municipios y que cada ayuntamiento o cantón o lo que fuere, administre sus propios impuestos. Donosti me parece hasta un poco grande. Esclarecida la forma o la ausencia del estado en la futura sociedad anarco-capitalista, pareciera que muy facha no es.

"El Capitalismo es ahorro y trabajo *duru*", vocifera el bueno de Bastos en su ya mítica conferencia. Tendemos a equivocar capitalismo por consumismo. El capitalismo no es más que un sistema económico basado en la propiedad privada de los medios de producción, en la importancia del capital como generador de riqueza y en la asignación de los recursos a través del mecanismo del mercado. Es decir, ahorro y trabajo duro. El mecanismo del mercado sigue la simple ley de la oferta y demanda y la información del valor de los bienes se transmite a través de los precios.

Antiguamente la economía clásica aceptaba que el precio venía determinado por el coste de los materiales, máquinas y horas trabajadas por el obrero. Tanto Marx como Adam Smith así lo entendían. No obstante, Carl Menger en la segunda mitad del siglo XIX nos aclara que el valor de un bien depende de la utilidad que le asigna cada uno. Es decir, la valoración es siempre subjetiva y depende de su escasez relativa. Por tanto, los precios no se pueden calcular ni escoger de manera arbitraria, ya que se forman con la acción humana, que es espontánea e impredecible, al intercambiar derechos de propiedad libremente. Por este motivo, fijar el precio de un bien arbitrariamente es siempre en perjuicio del comprador.

Si un precio es fijado más alto que el propio del mercado los consumidores han de pagar más que el precio libre. Si un precio es menor que el de mercado pareciera que el consumidor es beneficiado en un primer momento. Sin embargo, los productores quebrarán hasta reducir la oferta tanto como para crear escasez. En su defecto, será la calidad del priducto la lastimada.

En un mercado libre la competencia es la mejor forma de colaboración que además resulta en el menor precio posible. El monopolio tan solo existe si un gobierno regula en favor de ciertos productores. La privación de competencia tan solo lleva al estancamiento y la falta de innovación. En los ámbitos monopolísticos los precios tan solo se mantienen o suben. Es el caso de la sanidad, la educación, la defensa, obras públicas, etc. Mientras tanto los bienes de libre mercado cada vez son más baratos como la ropa, la comida o un coche.

Que un estado socialista o socialdemócrata tenga la desfachatez de planificar su economía, aunque sea solo la puntita, es de una arrogancia terrible. La espontaneidad e impredecibilidad de la acción humana son motivos suficientes para aborrecer toda regulación que ponga trabas al libre mercado.

Esta manera de entender el mundo, comprender la realidad, estas herramientas que la Escuela Austriaca propone para analizar la Economía, fueron un punto de no retorno para mí. Una vez asimiladas me fue imposible volver a leer las noticias económicas y políticas del mismo modo. Pues uno comienza a intuir la consecuencias de las medidas económicas que los gobiernos dictan. Siento haber salido de la caverna de Platón, tal como de la preciosa cueva de la portada. Muy probablemente esto solo sea una ilusión. Que lo aprendido no son ideas y conceptos económicos sino ideología. En tal caso, espero seguir siendo curioso, descubrir mis propias mentiras y pensar de manera coherente con la realidad.

¿Y todo esto para qué? ¿Cuál es el objetivo de desregularizar los mercados y los estados? "Oye, Borja. No paras de hablar de competencia, capital, precios... Tú solo piensas en los ricos". Nada más alejado de mi intención. Las economías más libres son las que consiguen tasas más bajas de pobreza. Si yo defiendo un modelo anarco-liberatario no es más que para reducir la pobreza y que todos vivamos mejor. Una modelo de sociedad en el que nadie necesite de subsidios para llevar a cabo su plan de vida. Una sociedad en la que asociaciones no estatales presten ayuda a quien lo necesite. Donde el éxito de un país no sea cuantos impuesto recauda el estado sino la abundancia de trabajo y desaparición de la miseria.

"Si no hay un poder que se encargue de la redistribución de la riqueza sera una sociedad injusta ya que crecerá la desigualdad". La igualdad de oportunidades es deseable. Al contrario, la igualdad de resultados que es a lo que nos referimos al escribir sobre desigualdad, es la mayor injusticia en la tierra. Pongamos que a todos los alumnos les califican con un 6/10 el examen de matemáticas, consiguiendo de este modo la igualdad de resultados. La injusticia con aquella persona que había estudiado mucho más y que hubiera sacado un 9 al ponerle la misma nota que el compañero que hubiese suspendido es infame. Igualmente, dos personas que tengan el mismo puesto deberían cobrar distinto si el rendimiento de una es mayor que la otra, siendo esto justo. La desigualdad es riqueza. En la desigualdad caben distintas maneras de entender la vida, idiomas distintos y la esperanza de poder prosperar. Los ciudadanos de un país deberían alegrarse cuando crecen el número de considerados "ricos" y no envidiarles ni desearles mal. ¿Quiénes si no los ricos son los que pueden invertir su capital creando así riqueza y puestos de trabajo?

Si se me permite la frivolidad, ningún vagabundo pide dinero alegando ser muy desigual. Con este ejemplo quiero dejar claro que el verdadero enemigo es la pobreza. Y contra ella debemos luchar. La manera más efectiva de hacerlo es siendo egoístas. ¿Cómo? Sí, así es. En un mercado libre la mejor forma prosperar es trabajando para ofrecer a terceros algo de utilidad. Es decir, cuando buscamos nuestro propio interés escogiendo el mejor trabajo posible, una pulsión a priori egoísta, termina siendo beneficioso para el conjunto de la economía.

Las vacaciones fueron reparadoras tras casi un año sin salir de Copenhague, un año de escasas alegrías. Tan solo endulzado por la consecución de la Copa de Rey ganada al Athletic, por las barbacoas post-partido y las evasivas lecturas del segundo tomo de *Los Enemigos del Comercio* o el maravilloso *Conde de Montecristo* de Dumas.

Al poco de volver me pusieron la vacuna Janssen, con la que me despediría de las pruebas PCR y podría viajar en Europa sin miedo a no cumplir los nuevos requerimientos. El día anterior celebramos mi cumple en la terraza de Åbenbar. Tomamos cerveza, jugamos al mus, comimos, reímos, disfrutamos del sol... Un nuevo tiempo parecía hacerse paso con los largos día de junio. Un tiempo que se asemejaba al anterior a la pandemia. Los medios españoles cargaban ríos de tinta con artículos sobre la "nueva normalidad". No obstante, en Dinamarca estábamos próximos a la normalidad a secas.

El verano danés es un hechizo que te atrapa. Los días sin fin y las temperaturas suaves son la leña con la que se sobrevive el largo invierno. La ciudad rebosa alegría y las calles y terrazas se llenan. Los parques se convierte en plazas y los muelles de Christianshavn o Islands Brygge en playas. Los planes se multiplican y más aún cuando dos de los nuestros nos dejaban a final de verano. Nuestro amado Jon decidió volver a Donosti tras aceptar una propuesta de una *startup*; asímismo el bueno de Inazio no pudo rechazar la oferta de Vestas la cual le llevó a recalar en Aarhus con el inicio del otoño.

Durante esos días y semanas que recuerdo llenos de luz y ganas de hedonismo puro me poseyó el menester de entenderme a mí mismo. En pocas palabras, sentía que Youtube y la curiosidad me habían abierto un mundo de ideas que creía desterrado. El uso habitual de esta plataforma, alternado con lecturas y debates con Jorge e Inazio hubo multiplicado mis conocimiento en áreas antes oscuras para mí. Pero, ¿cómo había sucedido? ¿Le habrá pasado a alguien más? ¿Podría ser esta una nueva de aprender? ¿Me volví capitalista antes de comenzar a ganar como ingeniero o después?

Me propuse ordenar todas estas ideas de algún modo. "Escribiré un ensayo filosófico sobre el uso de las nuevas tecnologías en el desarrollo ideológico de los jóvenes". ¡No, por favor! Qué rollazo puede ser eso. ¿Y si escribiera un diario sobre mi vida desde que me mudara a Copenhague? En forma de libro, para que lo lea mi madre o cualquiera interesado. Listo. Escribiré un libro honesto para contar cronológicamente como ha sido mi vida los últimos cuatro años.

Como fuentes usaré... ¿la memoria? No es muy recomendable, a decir verdad. La memoria es frágil y fácil de engañar. Vaya... cómo me arrepiento de no haber llevado un diario todo este tiempo.

Por suerte, la fotos del móvil son instantes con fecha y hora que nos trasladan y sirven de referencias temporales fidedignas.

Vale, *ok*, eso está muy bien; pero, ¿esto no iba de Youtube? Algo de eso hay. Mi fuente principal para averiguar mi ideología en el tiempo ha sido el historial de Youtube. En julio revisé mi historial completo desde 2015 hasta el verano del 2021. Tremenda investigación en las cloacas de mi pasado. Si te da curiosidad, puedes encontrar mis apuntes en el segundo apéndice.

Volvimos a la antigua Iberia en agosto. Unos días en Donosti precedieron a un *roadtrip* por el norte de la península. Oviedo, Cudillero, Foz, Coruña, Santiago, Leon, Burgos y retorno a Donosti. Otro desafortunado viaje en España donde volvimos a comer fatal (guiño, guiño). Mientras nos poníamos hasta arriba de pulpo y txipirones por Galicia, me saltó un evento organizado por la nueva librería en castellano en Copenhague. Un taller sobre escritura autobiográfica. Joder, qué casualidad que yo acabe de empezar a escribir un libro autobiográfico.

Aunque, me da mucha vergüenza. ¿Qué clase de gente se apuntará a estas cosas? Seguro que me encuentro a una panda de egocéntricos que quieren ser escuchados. Una vez más, demostrando que soy una persona nueva, dejé de lado los miedos y prejuicios para inscribirme escribiéndole un correo a una tal Pamela. Tiene apellido danés, de dónde será.

Desde la primera sesión el taller de escritura se convirtió en un lugar de confianza y encuentro con unas maravillosas personas de diversos países que me han acompañado y ayudado en la consecución de esta obra.

Bueno. Parece que por fin he alcanzado al Borja del pasado que comenzó a escribir las primeras páginas por el verano del 2021. Me bajo aquí en esta estación al otro lado de las vías como un punto y seguido de este viaje que no acaba.

¿Y sobre qué va? Dos años después de comenzar a escribir Viaje al øtrø ladø puedo por fin contestar a la fatídica pregunta. Dice así:

Te levantas una mañana en un día cualquiera. Te miras al espejo. Las canas, la panza y las arrugas de la cara siguen en su sitio de ayer. Sin embargo, no eres el mismo.

No sabría decir cuándo fue. Solo sé que fue y será. Has cambiado.

Te quitas las cadenas. Mirar las sombras de las marionetas ya no es suficiente. Reconoces tu alrededor. Pese a la oscuridad, la temperatura es agradable en la caverna de Platón. La hoguera de la ignorancia proyecta sus creencias sobre la pared de la cueva. También da calor. Es tu cueva, la de los tuyos.

Te despiertas un día y estás fuera. No sabes qué es lo que te ha sacado. La curiosidad te ha arrastrado. Te ha lastrado. Te ha desterrado. El sol duele. Hace frío. La libertad es áspera. Una nube caritativa termina tu deslumbramiento. Comienzas a ver por ti mismo.

Solo sabes que no sabías nada. Eres feliz.
Placer.   Saber.
El interés por la verdad te lleva a seguir adelante. Plenitud. La jarra de agua rebosa. Arde en ti el deseo de compartir. Encuentras espíritus libres ahí fuera. Vuestros caminos se entrecruzan.

Estás decidido a volver a la caverna, a quitarle la venda a los tuyos. Un paso más cerca del abismo.

Te oyen pero no quieren escuchar. Desprecio. Los profetas no son bienvenidos. Te miran con extrañeza, con condescendencia. Te descalifican. Alguien muy querido deja de aceptarte. "Me has decepcionado". Tristeza.

La libertad duele. Dejas de caerles bien a tus amigos y conocidos. No les gustas a tus propios padres. Vuelve a hacer frío. Llevas una pesada etiqueta en la frente. Dice aquello que tantas veces colgaste sobre otros. Te avergüenzas. No de lo que eres, si no de lo que una vez fuiste.

Entiendes ahora a quien se encontraba al otro lado. Del cual te reías, al cual descalificabas, calumniabas. No aceptabas. No te caía bien.

De un tiempo a esta parte, sientes su piel. La llevas puesta. Aquella persona se encuentra ahora al otro lado del espejo. No queda otra que aprender a amarle.

Tomas conciencia de las mentiras de antaño. Miento luego existo. La verdad es más poderosa que las amistades quebradizas. Abandonas el embuste, el engaño, la contradicción. Buscas la coherencia y te vuelves a mentir. Pero un poco menos.

Uno no termina un viaje hasta no volver a casa. El eterno retorno de Nietzsche. El superhombre trastoca tu escala de valores. Regresas tras la larga peregrinación desértica con doble joroba.

Tu tiempo de lucha interna ha concluido. Dejaste de ser el león en contienda con su propia condición.

Eres atento, consciente, lúcido, abierto, libre. El superhombre tiene forma y trasfondo de niño.

Te atreves a saber. Bendita curiosidad.

Quieres contárselo a quien quiera escuchar. Quieres contárselo a tu madre. A tu mejor amigo. A ti mismo. A quien te quiera.

Ya es hora. Ha llegado el momento. ¿Cómo describir con palabras finitas lo extenso, aquello infinito?

Imposible. Al menos escribiré un libro. Así se llame "Viaje al otro lado".

Copenhague, febrero de 2023

APÉNDICE DE
TÍTULOS DE LECTURA

A partir del verano de 2018:

- *Sapiens* (2014), Yuval Noah Harari
- *MAO* (1999), Jonathan Spence
- *La toponimia prerromana del norte de España* (2015), Fritz Garvens

Durante el 2019:

- *Juan Belmonte: matador de toros* (1934), Manuel Chaves Nogales
- *A sangre y fuego* (1937), Manuel Chaves Nogales
- *La reina del sur* (2002), Arturo Pérez Reverete
- *Who we are and how we got here* (2018), David Reich
- *Los primitivos habitantes de España* (1821), William Von Humbold
- *De la antigua lengua, poblaciones y comarcas de las Españas* (1587), Andrés de Poza
- *Donostia* (1932), Agustin Anabitarte
- *Journey to the center of the Earth* (1876), Julues verne
- *Historia Nabarra de Gipuzkoa* (2019), Beni Agirre

En 2020 leí todo esto:

- *Los enemigos del comercio (Tomo I)* (2008), Antonio Escohotado
- *La condición humana* (1958), Hannah Arendt
- *Historia del puebl vasco de la revolución francesa a los conciertos económicos* (2015), José Luis Orella Unzué
- *El mundo de Sofía* (1991), Jostein Gaarder
- *Imperiofobia y leyenda negra* (2016), Maria Elvira Roca Barea
- *La madre de Frankestein* (2020), Almudena Grandes
- *Diálogos de Platón: diálogos socráticos* (380 a.c.), Platón
- *Rameras y esposas* (1993), Antonio Escohotado
- *Retrato del libertino* (1997), Antonio Escohotado
- *Mi Ibiza privada* (2019), Antonio Escohotado
- *La sombra del viento* (2001), Carlos Ruíz Zafón
- *El hombre en busca de sentido* (1946), Viktor E. Frankl
- *Sesenta semanas en el trópico* (2003), Antonio Escohotado
- *Ética, estética y política: ensayos y errores de un metaindignado* (2020), Ernesto Castro
- *El coronel no tiene quien le escriba* (1957), Gabriel garcía Márquez
- *Cien años de soledad* (1967), Gabriel García Márquez
- *Patria* (2016), Fernando Aramburu
- *El hombre que amaba a los perros* (2009), Leonardo Padura
- *Los iberos* (2004), Juan Eslava Galán
- *El cerebro bilingüe: la neurociencia del lenguaje* (2017), Albert Costa
- *La odisea* (800 a.c), Homero
- *Zalacaín el aventurero* (1908), Pío Baroja Nessi
- *Vive como un mendigo, baila como un rey* (2020), Juan Inacio Delgado Alemany *Ignatius*

Para colmo, el 2021 leí algún título más:

- *El árbol de la ciencia* (1911), Pío Baroja Nessi
- *Los Enemigos del Comercio (Tomo II)* (2013), Antonio Escohotado
- *La casa de Aizgorri* (1900), Pío Baroja Nessi
- *El conde de Montecristo* (1844), Alexandre Dumas
- *La dama de Urtubi* (1916), Pío Baroja Nessi
- *El mito nacionalista* (1996), Fernando Savater
- *Historia Elemental de las drogas* (1989), Antonio Escohotado
- *Rojos y blancos* (1940), Pío Baroja
- *Memorias y libelos del 15 M* (2021), Ernesto Castro
- *Política* (330 a.c.), Aristóteles
- *1984* (1948), George Orwell
- *El aprendiz de conspirador* (1913), Pío Baroja Nessi
- *Camino de perfección* (1902), Pío Baroja Nessi
- *Feria* (2020), Ana Iris Simón
- *Liberalismo: los 10 principios básicos del orden político liberal* (2019), Juan Ramón Rallo
- *Al exilio* (2020), Jairy Warren
- *El infinito en un junco* (2020), Irene Vallejo
- *Siddhartha* (1922), Hermann Hesse
- *Habáname* (1996), Fernando Sánchez Dragó
- *Fahrenheit 451* (1953), Ray Bradbury
- *El manifiesto comunista* (1848), Karl Marx y Friedich Engels
- *Los penúltimos días de Escohotado* (2021), Ricardo Colmenero
- *La contra historia de España* (2021), Fernando Díaz Villanueva
- *Ensayos económicos: orígenes del capitalismo moderno* (1752), David Hume
- *La mentalidad anticapitalista* (1956), Ludwig Von Mises
- *La república romana* (1966), Isaac Asimov
- *Tao te king* (IV a.c.), Laotse
- *Historia universal de la infamia* (1934), Jose Luis Borges

- *El imperio romano* (1968), Isaac Asimov
- *Ficciones* (1944), Jose Luis Borges
- *Nada* (1945), Carmen Laforet
- *Por si las voces vuelven* (2021), Ángel Martín
- *El adversario* (2000), Emmanuel Carrère

En 2022 me propuse leer aún más, además de terminar de re-dactar este libro:

- *Una historia de España* (2019), Arturo Pérez Reverte
- *Relato de un naufrago* (1970), Gabriel García Márquez
- *El rebaño* (2021), Jano García
- *Los efectos económicos de la pandemia* (2021), Jesús Huerta de Soto
- *La vida contada por un sapiens a un neardental* (2020), Juan José Millás
- *Los enemigos del comercio III* (2016), Antonio Escohota-do Espinosa
- *Jantipa o del morir* (2022), Ernesto Castro Córdoba
- *Los enanos* (1962), Concha Alós Domingos
- *El oficio de sobrevivir* (2005), Marcelo Damiani
- *El extranjero* (1942), Albert Camus
- *Veinticuatro horas de la vida de una mujer* (1927), Stefan Zweig
- *Amadeo I* (1910), Benito Pérez Galdos
- *El Jarama* (1956), Rafael Sánchez Ferlosio
- *Lutero, Calvino y Trento. La reforma que no fue* (2022), Fernando Díaz Villanueva y Alberto Garín
- *La contrahistoria del comunismo* (2022), Fernando Díaz Villanueva
- *Volver a dónde* (2021), Antonio Muñoz Molina
- *Diarios de motocicleta* (1951), Ernesto Che Guevara
- *El cantar del mío Cid* (XIII), Anónimo
- *La peste* (1947), Albert Camus
- *Alfanhui* (1951), Rafael Sánchez Ferlosio
- *Juan Sebastián Elcano* (1944), Juan Cabal
- *La fatal arrogancia* (1988), Friedrich Hayek

- *La emboscadura* (1951), Ernst Jünger
- *El asombroso viaje de Pomponio Flato* (2008), Eduardo Mendoza
- *La iglesia católica* (1967), Hans Küng
- *Novela de ajedrez* (1941), Stefan Zweig
- *The old man and the sea* (1954), Ernest Hemingway
- *Viaje a Oriente* (1932), Hermann Hesse
- *La guerra de las Galias* (50 a.c.), Julio Cesar
- *Metamorfosis* (1915), Franz Kafka
- *Caos y orden* (2000), Antonio Escohotado
- *El mito de Sísifo* (1942), Albert Camus

APÉNDICE DE HISTORIAL DE YOUTUBE

<u>Youtube 2015</u>:
Ilustres ignorantes
Música: Ken Zazpi, Coldplay, Amy Winehouse, Glaukoma, Gatibu
La domimanguera.
Taizé
Ibero Euskera

<u>Youtube 2016</u>: ~~Llegada a Dinamarca   25 Agosto 2016~~
DTU MSc Mechanical Eng.   31/07/16
Lang Focus
95%   Music: Foals, Amy, Izaro, Izaki Gardenak, Juanito Makonde, Extremo
Father Ted
Ilustres Ignorantes | Cuando ya no esté | Late Motiv
California→   Surfing
~~Late Moti~~ Gatibu, Lumineers (Pandora), Snow Patrol, 21 Pilots
                                    Chainsmokers

<u>Youtube 2017</u>   →Marzo // Uso de Youtube subió muchísimo !!
Gaby →   Música: Fran Fernandez, James Blunt, La Oreja de Van Gogh,
         Gatibu, Foals, U2, "Lucha de Gigantes", The tallest Man on Earth, Extremodur
Ted-Educational : History vs, Riddles. Ted Talks.
Una historia de Vasconia
Academia Play.
NTMEP (Diario Público)
La Vida Moderna
Late Motiv | Loco Mundo | Cuando ya no esté
Otra vuelta de Tuerka. Entrevistas Pablo Iglesias.
Pokemon Temporada 1.
Surfing.
Father Ted

<u>Youtube 2017</u>: Ya en Dinamarca.

Learn Latex   Asier

Música: London Grammar, Mikel Laboa Gatibu Fran Fer., Kodaline
La vida Moderna → Uno al día.   The Killers

Ilustres | Late Motive | Loco Mundo

Surfing competitions with Asier.

La lengua Moderna → Primera temporada. Valeria Ros.
NTMEP   12 diciembre.

Pantomima Full.

Nadie Sabe Nada.

"Cfd openfoam"

Ukelele

Muchos videos/entrevistas a Krahe.

Pelota: famoso partido Titín III Retegi II

La Tuerka → Entrevistas
El Ministerio del Tiempo.

Judit site ☺

Entrevista de David Broncano a Ken Follet.

Como hacer pan.

Genética, DNA

Ted-Ed.

Youtube 2018. Kagsa

Ene-Mar Ilustres Ignorantes | Late motive | La Resistencia | Nadie sabe nada
It's okay to be smart   Berlín   NTHEP
Vetusta Morla, Izal, Izaro Amaral, Tales   Loco Mundo
DoS : Domain of Science . | Native Lang | It's okay to be smart
Otra vuelta de Tuerka | eldiario.es |
La Vida Moderna
Lang Focus
La voz de Iñaki | Cuando ya no esté
Mar-Jun Pero esto es otra historia (descubierto en Jun 2018)
Pantomime full
Phi Beta Lambda
San Telmo Museoa → Atapuerca y ADN población vasca.
Colgados del Aro
Iberian language
Fundacion Juan March (los íberos) y vascos   Mayo 18'
De íberos a Visigodos → documentales
Paco de Lucía   → Signario íbero
Ted Talks   Punto
Xebe Diez → Euskera lengua original   de inflexio
Iberialk
Azkona Ezcurra → Vasco Iberismo   Mayo 18'
Como arreglar una bici - spike
16 de Mayo → Antonio Arnaiz Villena y Bernat Mira Tormo
    con Sanchez Dragó en las Noches Blancas. Vasco iberismo.
En la Frontera.

Youtube 2018

Jul-Sept | Phi-Beta Lambda → Comedia perpetua

Genética, Iberia → DNA, Haplogrupos

Una historia de Vasconia

Música: Izaro, James Blunt, Zea,.

Cadena SER: Las Chicas, Buenísimo Bien, Las Preguntas de Broncano

Academia Play

La Lengua Moderna

Entrevista de Dragó a Carrillo

Las Noches Blancas: Liberalismo, Progres, Primo de Rivera,

Seis mujeres sin piedad: Broncano, Koke Santana, Vestyyge, Daimiel, Abascal,

4 Atlántida, Gilgamesh, documentales

Pero esto es otra historia → todos los videos

Sumerios —— Annalis

Origen de los vascos

Oct - Dic | En la Frontera

Luka Dončić

Otra vuelta de tuerca → Luis María Ansón

Nøgen

Jaime Altozano

Ivan Ferreiro → Fariña, Izaro, Linguistics

Langfocus, Pero eso es..., NativeLang   lingüistica comparada

Viaje a Argentina

Ene - Mar

Youtube 2019

József Nagy (openFoam)   Killers, Lumineers   Izaro Gatibu
Música: Iván Ferreiro, Izal, Vetusta Morla, Foals, Rozalén,   London Makandé
Grammar
La voz de Iñaki, otra vuelta de tuerka, Cadena Ser, Las Chicas,   Las preguntas
Broncano,
NTMEP, la vida Moderna, la lengua moderna, Hoy por hoy, Loco mundo, En la Frontera
La Resistencia
Phi Beta Lambda,   Talke, Ed   Why praps

Divulgación: Órbita Laika, Academia play, Ted, El mapa de Sebas, La Gata de Schr.,
Cuellilargo
Una historia de Vasconia, Pero esto es otra historia
Cambiando de Tercio, El sentido de la birra   (Inicio)
The School of life → Philosophy: explicación de autores

Abr - Jun
YBλ → Comedia Perpetua

Música. Fleetwood, Dire Straits, Bruce, Paolo Nutihi, PinkFloyd, Amy Winehous
Nina Simone, Coldplay, Morgan, Sabina, Drexler, Grieg,   En Argentina conocía a la
Vice News Tomás
Eldiario.es → entrevistas a políticos   BmuJmo
Bron
Si Si - SiNo, A vivir (Broncano), Hoy por hoy, Las que faltaban   (Inicie

Divulgación: Date un Vlog, Derivando, Date un voltio, Jaime Altozano, Quantum Frac,
Slavoj Žižek vs Peterson   ⟶ Instituto de Física Teórica IFT
Fundación Juan March
TVB FAQS, Quatre Gats,
Monólogo de Alsina (Onda Cero)   (Inicio Abril '19)
Yoga With Adriene, Boho Beautiful, Ekhart Yoga,
Forfast WTF
Mundo Maldini
Como hacer masa de pan Abril '19

Youtube 2019

Jul-Sept	Libertad Constituyente TV → Antonio García Trevijano.
	Ernesto Castro Canal : Enrique Gallego 🕭
	Carne Cruda
	La Fábrica - Rufián
	Antonio Escohotado Espinosa
	Jesús G. Maestro
	Cadena SER : La Ventana
	jg bueno tv, nodulotv
	Fernando Castro Flórez
	Las Noches Blancas
	Marte 19 → Filosofía en Castellano.
	Joe Rogan
	Lágrimas en la lluvia (Trevijano), carlismo, república
	La Clave
	Negro sobre blanco
	La tuerka → Juan Manuel de Prada
	Noan Chomsky
Oct - Dec	Juan Ramón Rallo (Dec '19)
	Visual Politik (Inicio ?)
	Doncic → Dallas Mavs
	Langfocus
	Lethal Crisis
	Fernando Díaz Villanueva → No me caía bien.

A partir de octubre se nota que empecé a trabajar.
Menos videos, sobre todo en octubre-noviembre.

Youtube 2020

Ene - Mar	La voz de Iñaki

En Marzo empezó el
tema de la cuarentena.

Antonio Escohotado

Resistencia, Lengua moderna, vida moderna,

Playz → Parking Karaoke, Grasa, Criminalística

Ernesto Castro. → No he visto tantos, pero muy largos.

SER: Buenísimo bien, La ventana, Preguntas de Br.

Fundación Juan March

Furor TV: entrevistas a derecha e izquierda.

The Radical Revolution: Zizek

Ignacio Youtuber > El grito sordo SL

Música: Nogen, Izaro,
(Menos música)

La Tverka

Apr - Jun	Un mundo Inmenso, El mapa de Sebas

Instituto Juan de Mariana → Miguel Anxo Bastos.

NTMEP (Desde casa. Pararon por un tiempo) Mayo '20

Lethal Crisis: Israel, Venezuela

Filo: Resúmenes Entelekia: marx, sabios de grecia...

Noventa Football Club (Real Sociedad)

La clave

Eren. Castro: Yo también fui ovenista — Glosas a Suárez
                                          ↳ Notas a platón

AMA Audiolibros

Fernando Castro: reseñas de libros.

La Clave: democracia, marxismo
                                    Roca Barea
Imperiofobia vs Imperiofilia: Jogbueno vs Villacañas.

OK Playz (online) Participa Ern. Castro

Xoán de Lugo (Inicio) Accidental o algoritmo.
                        1984
El Renacimiento: Valeria Ros, Ern. Castro, Miguel Nogeera.

Teatro Crítico.

La Tabla Redonda TVE — Sanchez dragó / Aganta Burilla

Entrevista de Frm a Miguel Anxo → Alaska / Antonio Escohotado

Libertad Digital Cultura : La biblioteca de

La vida Moderna → Desde casa y sin público

Todos los apellidos vascos de → Esperanza Aguirre / Greta lara

Sergio Santillán Díaz → Buenas conferencias de liberales.

Jul - Sept La Clave → Drogas

Editrama : geniales entrevistas de los 70, 80 por Joaquín Soler Serrano
- Borges, Alberti, Dalí, Cela, Nixon, Carpentier, Sofía Loren, Dalí, Severo Ochoa
Fernando Castro - Nietzche hijo caro Baroja, Joaquín Rodrigo, Cortazar, Pla,

Jesus G Maestro - Cien Años de Soledad

Negro sobre blanco : Savater vs Anasagasti, Jimenez Los Santos, Umbral

Las Noches Blancas : Liberalismo (Vestrynge) , Vargas Llosa

Paleopolítica y cultura : Bastos, Insua

NPR : Tiny desk concert

Fernando Díaz Villanueva : primer video en mucho tiempo.

La Tabla redonda : origen del cristianismo, la inquisición, el tantra, Masonería

Gustavo Bueno ; el mito de la izquierda / la derecha / la cultura

Teatro Crítico durante la pandemia . Qué es la democracia

Plays = Drama (serie) Ignatius hace de padre.

Xoan de Lugo : Bastos, Huerta de Soto

Spanish Libertarian

Inicio Gen Playz

Yutube 2020   Oct - Dec

Noventa de Football Club
Dragó (Juan Carlos Paredes), El mundo por montera → Malby → Albert Hofmann
Videos cortos tipo tik tok → Empece a ver ajedrez   (LSD)
NTMEP
Lengua Moderna, Vida Moderna
Juan Ramón Rallo: cada vez más vídeos
Georgeos Diaz Montexano
Visual Politik
Jgbven tv : Qué es democracia
La Resistencia → Solo las entrevistas
Entrevistas osadas (canal: gargolario)
Playz → Gen Playz → (inicio*) : Universidad, escritura, racismo, ansiedad,
Ernesto Castro   tv pública, fake news, España, revolucionarios por
                                                                                    posturas
El Sentido de la birra
                                      Gambito de dama
Fernando Diaz Villanueva → Mientras dure la guerra
En la Frontera
Editrama : Geraldine Chaplin, Polanski, Rulfo, Vargas Llosa, Julian Marias
              Sofia Loren,   Aranguren
Miley Cyrus (and the social distancers)
Libroteca El País : Savater, Isabel Allende, Bernardo Atxaga
    Antonio Muñoz Molina, Arturo Perez Reverte ...,

Mundo Maldini
Grandes documentales : ABC TV Paraguay : Fernando Savater
Fernando Castro Florez : libros recomendados; ojo con el arte
Inst. Juan de Mariana : Miguel Anxo : Estasiología y golpes de estado.
        Sobre la desigualdad.

Alex Fidalgo. Lo que tú digas : Ern. Castro, Dragó.

Ya casi no escucho música.

Youtube 2021

Ene - Mar | Jordi Maquiavelo - Escenas Legendarias (Análisis de escenas)
Xuan de Lugo: conservando la cabeza   Murray Rothbard
Juan de Mariana: Daniel Rodríguez Carreiro →
Seminario "Ideologías y Teoría Política" contemporánea UFM   Miguel Anxo
Fundación Juan March   (Sergio Santillán Díaz)
Rallo
Ernesto Castro
La vida Moderna, Lengua moderna
Visual Politik
Gipsy chef: risotto, ramen
Dantzi resúmenes
PPyC
Playz: gen playz: youtubers a andorra, dictadura progre, poliamor
Pragó: Lorenzo Silva, toros, Santiago Carrillo, Gastronomía, Vascoiberismo
Escohotado: pocos nuevos vídeos   Pilar Urbano, el ebook (se lioma el
C. Tangana   Arsuaga, García, Ateísmo, Franco,
Jano García   → más conferencias
Quantum Fracture: cada vez menos   terrorismo, Egipto
Noventa Football Club   11M
Gustavo Bueno ─── : Pensamiento Alicia
La Clave: la España Católica, Religiones, Homosexuales, Napoleón
Yoga with Adriene   García Lorca
Matthew Walker
MTHFP → Deje de ver 6 en Febrero.
Ignatius y sulibro → Ronda; el faro, brenismo Sur, el hormiguero, lengua mod.
Grandes documentales
Vestrago de joven

220

2021

Abril-Jun | Ernesto Castro
Rallo
Juan de Mariana
El liberal (Juan)   o entrevistas
Libertad TV → Fernando Díaz Villanueva en La fuerte
Antonio Escohotado
Fernando Díaz Villanueva
Sergio Santillán Díaz (canal ancap)
Spanish Libertarian Vines → De coña
Pitos vídeos de Youtube Shorts.
Spanish Libertarian
Jesús Huerta de Soto → JHS Oficial: Clases grabadas
Visual Politik   por Fern. Díaz Villa.
Encuentros Eleusinos
Xoan de Lugo
Robin Food
Fundación Juan March
Un país para reírlo - La 2 - Goyo Jiménez
La vida moderna: Vi unos cuantos programas seguidos.
Luis Archondo Romero — Libros con Wasabi con Dragó. (Inicio)
Gen Playz: algunos programas sueltos.
José María Bellido Morillas
Noventa de Oro
Santiago Armesilla
Luis Miguel
Doncic
Alvaro Bernard
Gustavo Bueno: el mito de la derecha/cultura

Made in United States
Orlando, FL
18 February 2023

30122000R00139